김구

아름다운
나 라 를
꿈 꾸 다

지은이 **청년백범**

1986년 백범김구선생기념사업협회에서 만난 청년들이 중심이 되어 만든 연구 모임입니다. '백범의 마음을 가지고 사는 청년이 되자'는 뜻을 모임 이름에 담았습니다. 지금은 각자 직업을 가지고 생활하면서, 정기적으로 만나 백범과 우리나라 근현대사, 그리고 통일에 대해 공부하고 있습니다. 백범이 그랬던 것처럼 교육과 문화 사업에 관심을 가지고 있으며, 방학 중에는 초등학생을 대상으로 '어린이 백범학교'를 운영하고 있습니다.

그린이 **박시백**

1964년 제주도에서 태어났으며, 고려대학교 경제학과에서 공부했습니다. 한겨레신문에 만평을 그렸으며, 신문과 잡지에 연재한 시사만화를 모아 《박시백의 그림세상》을 냈습니다. 그 뒤 10여 년 간 역사 만화 '박시백의 조선왕조실록' 시리즈(전20권)를 펴내는 데 온 힘을 기울였습니다. 대한민국만화대상 장관상, 부천만화대상을 수상했습니다.

한겨레 인물탐구 · 1

김구 아름다운 나라를 꿈꾸다

ⓒ 청년백범, 박시백 2009

1쇄 발행 2009년 12월 15일 | **19쇄 발행** 2025년 4월 30일

지은이 청년백범 | **그린이** 박시백 | **사진제공** 백범김구선생기념사업협회
펴낸이 유강문 | **편집** 한겨레아이들 | **디자인** 나비
마케팅 김한성 조재성 박신영 김애린 오민정

펴낸곳 (주)한겨레엔 | **주소** 서울시 마포구 창전로 70 (신수동) 화수목빌딩 5층
전화 02-6383-1602~3 | **팩스** 02-6383-1610
홈페이지 www.hanibook.co.kr | **이메일** book@hanien.co.kr
출판등록 2006년 1월 4일 제313-2006-00003호

ISBN 979-11-6040-760-0 74990
    978-89-8431-366-8 (세트)

- 이 책의 인세 일부는 '어린이어깨동무'에 기부되어 북한 어린이를 돕는 데 쓰입니다.
- 이 책의 일부 또는 전부를 재사용하려면 반드시 저작권자와 (주)한겨레엔 양측의 동의를 얻어야 합니다.
- KC마크는 이 제품이 공통안전기준에 적합하였음을 의미합니다.
⚠ 책 모서리에 다치지 않게 주의하세요.

김구

아름다운 나라를 꿈꾸다

청년백범 글 | 박시백 그림

한겨레아이들

| 추천의 말 |

우리 시대에 되새기는 백범의 꿈

지금은 먼 나라 나비의 날갯짓도 우리에게 태풍이 될 수 있는 세계화의 시대에 살고 있으며, 많은 어린이들이 조기 유학을 떠나기도 합니다. 이런 시대에 지극히 한국적인 '백범 김구'를 이야기한다면 많은 사람들이 의아해할지도 모르겠습니다.

그러나 세계화가 될수록 우리를 아는 것이 더 필요합니다. 백범은 조국과 겨레를 위해 생을 바쳤을 뿐만 아니라, 언제나 세계 평화와 수준 높은 문화 국가를 꿈꾸었습니다. 이러한 백범의 꿈은 지금 어린이들이 세계로 나아가 일구어 갈 미래와 다르지 않습니다.

백범이 오래고 고된 망명 생활을 마치고 귀국할 때 가장 기뻐했던 것이 어린 학생들의 활발한 기상을 본 것이었으며, 해방 직후 어려운

환경에서도 어린 학생들을 위한 학교를 세웠습니다. 백범에게 어린이와 청소년은 나라와 민족의 희망이었습니다. 이런 백범의 삶과 생각이 어린이들에게 올곧게 전해진다면 우리의 미래는 달라질 것입니다.

오랫동안 백범을 공부하고 백범의 정신을 나누고자 노력해 온 이들이 이 책을 펴내는 데 힘을 모았습니다. 이 책을 통해 어린이들이 백범의 참모습을 만나기를 기대합니다.

도진순(창원대학교 교수)

| 지은이의 말 |

평범에서 비범으로

오로지 조국과 겨레를 위해 자신의 모든 것을 바쳤던 백범의 삶은 어두웠던 우리 역사에 한 줄기 희망의 빛이었습니다. 백범 같은 이가 우리 역사에 존재한다는 것은 겨레의 자랑이요, 희망입니다.

백범의 삶은 시련과 고통, 슬픔과 좌절의 연속이었습니다.
청년백범은 이 책에서, 가난한 집에서 태어나 마음껏 배우지도 못한 '창암'이 어떻게 절망의 나락에서 벗어나 겨레의 스승 '백범'으로 진화해 갔는지를 이야기하려고 합니다.
온갖 고난에도 불구하고 '평범(平凡)에서 비범(非凡)으로' 변화, 발전하였던 백범 삶의 마디마디를 말하려고 합니다.
이미 지나간 이야기가 아니라, 현재에도 살아 있는 의미로 남아야 할 백범 정신을 이야기하려고 합니다.

만약 이 책이 어린이들의 마음을 조금이라도 움직인다면, 그것은 첫째로 백범의 삶 자체가 감동적인 까닭이고, 둘째로는 청

년백범에게 백범 정신을 일깨워 주신 고(故) 안윤기 선생님의 정성과 노력 덕분입니다.
　　부족하고 잘못된 것은 모두 청년백범의 재주가 변변치 못하고 공부가 부족한 때문입니다.

　　이 책을 읽는 어린이들이 백범의 삶을 통해서, '평범에서 비범으로' 나아가는 도전에 용감하게 나서기를 간절히 바랍니다.

　　함께 아름다운 꿈을 꾸다가 먼저 떠난 벗, 김만식의 영전에 이 책을 바칩니다.

2009년 겨울
청년백범을 대표하여 조선동

차례

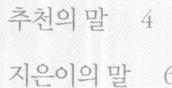

추천의 말 4
지은이의 말 6

- 1. 나를 찾아가는 길
  꿈 아닌 꿈 12
  스승 고능선 24
  스치다를 죽이다 30
  투옥과 탈옥 37

2. 백정, 뱐부가 가는 길
- 중이 되다　46
- 사람을 키우는 사람　52
- 두 번째 투옥　59

3. 광복, 길고 외로운 길
- 임시정부의 문지기가 되고자　72
- 일본의 심장을 겨누다　82
- 아름다운 청년, 윤봉길　90
- 피신과 유랑 속에서　98
- 대한의 어머니, 곽낙원　104
- 가슴에 태극기를 단 젊은이들　113

4. 통일의 길
- 감격의 귀국, 남겨진 슬픔　122
- 38선을 넘어서　133
- 뫼 무너지듯, 아아, 크낙한 바위 무너지듯　144

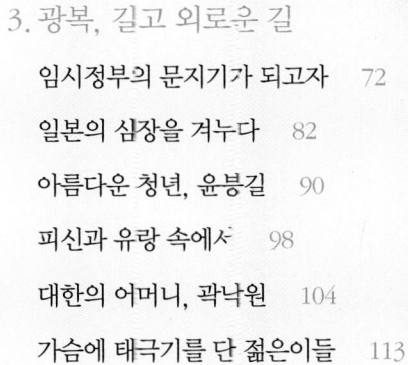

- 백범의 삶이 우리에게 준 것들　154
- 백범 어록　159

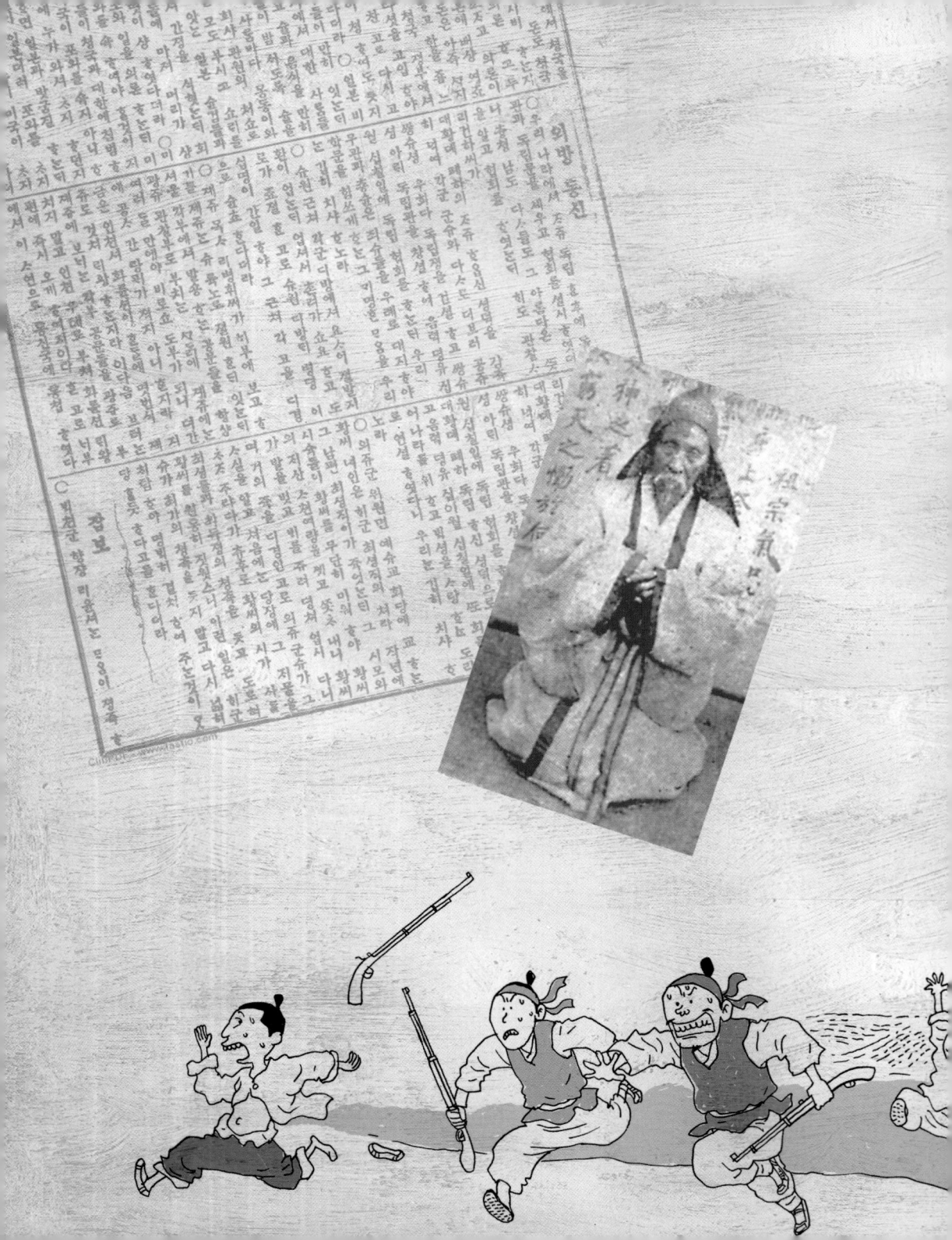

1 나를 찾아가는 길

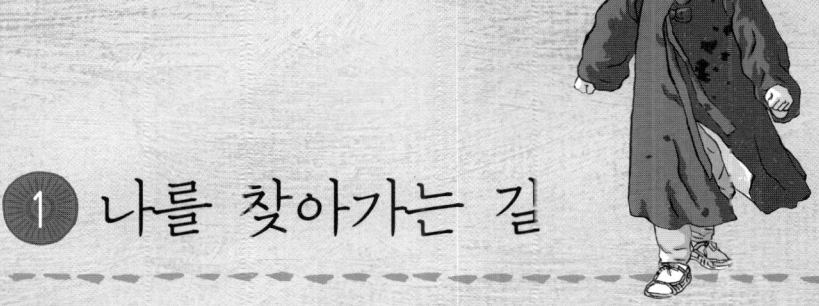

꿈 아닌 꿈

　백범 김구의 어린 시절 이름은 창암(昌巖)이었습니다.
　창암의 가문은 원래 대대로 서울에 살던 양반 집안이었습니다. 먼 조상 중 한 분이 반역죄를 저질러 가문이 망하게 될 처지에 이르자, 온 집안이 죄를 피하기 위해 황해도 해주 텃골이라는 곳으로 피신하여 숨어 살았습니다. 신분을 감추기 위해 상민 행세를 해야만 하였습니다. 그렇게 살다 보니 어느새 꼼짝없는 상놈의 집안이 되고 말았습니다.

　창암이 다섯 살 때 잠시 강령에 가서 산 적이 있습니다. 겨우 얻은 집은 마을에서 한참이나 떨어진 외딴 집이었습니다. 밤에는 집 앞으로 호랑이가 지나다닐 정도였습니다. 부모님은 늘 집을 비웠습니다. 새벽부터 늦은 밤까지 쉴 새 없이 몸을 놀려야 겨우 입에 풀칠을 할 수 있었기 때문입니다. 늘 혼자였던 창암은 한참을 졸라서 이 생원 집에 놀러 가곤 했습니다. 그 집에는 창암과 동갑내기도 있고, 두세 살 위의 아이들도 있었습니다.

어느 날 그 집 아이들이 "해주 놈 때려 주자." 하면서 이유 없이 창암을 때렸습니다. 텃세 졌습니다. 창암의 가슴 속에서 뜨거운 불기둥이 솟아올랐습니다. 정신없이 집으로 달려와 부엌으로 들어갔습니다. 칼이 눈에 들어왔습니다. 다 찔러 죽이겠다는 생각에 언제 다시 그 집으로 왔는지 모를 지경이었습니다. 앞문으로 들어가면 아이들이 눈치를 챌 것 같아, 뒤 울타리를 뜯고 안으로 들어가는데 그 집 식구에게 들켜서 다시 그 아이들에게 뭇매를 맞고 칼까지 빼앗겼습니다.

하루는 마을에 엿장수가 들어왔습니다. "깨진 그릇이나 헌 숟가락으로 엿 사시오." 하고 외치는 소리에 창암의 입에는 어느새 침이 고였습니다. 하지만 엿장수가 아이들의 고추를 따 간다는 말이 떠올라 밖으로 나갈 수가 없었습니다. 창암은 아버지의 새 숟가락을 반 동강 냈습니다. 그리고 문을 꼭 닫아 쥔 채 엿장수를 불렀습니다. 창호지 문에 구멍을 내어 동강 난 숟가락을 내밀자 엿장수도 그 구멍으로 엿을 건넸습니다. 맛나게 먹고 있는데 아버지가 오셨습니다. 창암의 손에는 나머지 반 동강의 숟가락이 그대로 쥐어져 있었습니다. 하는 수 없이 사실대로 아버지께 말씀드렸습니다. 아버지는 "다시는 그러지 마라." 이렇게 한 마디만 하셨습니다.

얼마 뒤 아버지가 아랫목 이부자리 속에 엽전 스무 냥을 넣는 것을 보았습니다. 갑자기 떡이 먹고 싶어진 창암은 그 돈을 꺼내 떡집으로 향했습니다. 그런데 가는 길에 친척 어른을 만나 훔친 돈을 들키고 말았습니다. 아버지가 이번에는 한마디 말도 없이 빨랫줄로 창암을 꽁꽁 묶고 매질을 하였습니다. 아파 죽을 지경이었습니다. 창암이 우는 소리에 놀란 친척 어른은 "어린아이를 어찌 그리 때리느냐?" 하시며 매를 빼앗아 아버지를 한참 때리셨습니다.

철없는 창암은 자기가 무엇을 잘못했는지도 몰랐습니다. 그저 먹고 싶은 떡을 먹지도 못하고 걸린 것이 억울하고, 자기를 때리는 아버지가 야속하고 미웠습니다. 매 맞는 아버지를 보니 시원하고 고소하기까지 하였습니다.

창암이 열두 살 되던 해였습니다.

집안 어른 한 분이 사돈을 만나려고 밤중에 갓을 쓰고 나섰다가, 이웃 동네 양반들에게 들켜 그 자리에서 갓이 찢기는 망신을 당하였다는 이야기를 들었습니다. 가뜩이나 양반들의 횡포가 못마땅했던 창암은 울분이 치밀어 올랐습니다.

당시 양반들의 권세는 꽤나 대단한 것이었단다. 양반은 나이가 어려도 상민 어른들에게 반말을 했지. 뿐만 아니라 양반은 자기 마음에 들지 않는 상민들을 마음대로 때릴 수도 있었고, 심지어 자기 집 창고 같은 곳에 며칠이고 가둬 둘 수도 있었단다."

창암은 분을 억누르며 아버지에게 물었습니다.
"어찌하면 양반이 될 수 있습니까?"
"학문을 익혀 과거에 급제하면 되는 것이다."

창암은 개구쟁이 짓은 이제 그만두기로 하였습니다. 공부를 열심히 해서 반드시 과거에 급제하리라 마음먹었습니다. 그래서 상놈이라고 멸시받던 설움을 떨쳐 내고, 집안을 일으켜 세우겠다고 다짐하였습니다.

창암은 아버지에게 서당에 보내 달라고 졸랐습니다. 하지만 양반들이 다니는 서당에서 상민 신분인 창암을 받아 줄 리가 없습니다. 아버지는 고민 끝에 집안 아이들과 마을 아이들을 모으고 선생님을 모셔 와, 사랑방에 서당을 하나 차렸습니다. 양반들의 서당이 아닌, 상민들의 서당이었습니다. 석 달 뒤 서당은 이웃 신 씨의 집으로 옮겨졌습니다.

창암은 배움의 즐거움에 빠져들었습니다. 길을 걸으면서도 책을 외우고 또 외웠습니다.

그것도 잠시였습니다. 서당을 열고 있는 신 씨가 갑자기 선생님을 내보내고 서당문을 닫아 버렸습니다. 말로는 선생님이 밥을 많이 먹어서라고 했지만, 사실은 신 씨의 아들보다 창암이 공부를 잘하자 시기하는 마음에서 선생님을 쫓아낸 것입니다.

게다가 창암의 아버지가 갑자기 몸을 마음대로 움직이지 못하는 병을 얻었습니다. 어머니와 아버지는 병을 치료하기 위해 문전걸식(이 집 저 집 돌아다니며 밥을 얻어 먹음)을 하며 전국의 이름난 의원들을 찾아 나섰습니다. 그동안 창암은 큰어머니 댁에 맡겨졌습니다. 더 이상 서당에 다닐 수 없는 형편이었습니다.

얼마 후, 아버지의 병은 거짓말처럼 나았습니다. 부모님이 다시 창암의 곁으로 돌아왔습니다. 치료비와 약값으로 쓴 돈 때문에 그렇지 않아도 어려운 살림이 더욱 힘겨워졌습니다.

하지만 어머니는 품을 팔아 창암에게 먹과 붓을 사 주었습니다. 창암도 책을 빌려 읽어 가며 다시 공부에 매진하였습니다.

창암이 열일곱 되던 해인 1892년, 해주에서 과거를 시행한다는 공고가 붙었습니다.

창암과 아버지는 설레는 마음으로 과거장으로 향했습니다. 망해 가는 나라는 여기저기 썩기 마련입니다. 과거장에는 부정행위와 뇌물이 판을 쳤습니다. 돈과 권력으로 벼슬자리를 사고파는 모양새였습니다. 낙방은 당연한 일이었습니다.

창암은 집에 돌아와 아버지에게 과거 공부를 그만두겠다고 하였습니다. 아버지도, 과거로 양반 되기는 틀린 세상이니 관상 공부를 하라고 권하였습니다. 관상 공부를 하다 보면 사람 보는 눈이 생겨서, 살아가는 데 도움이 된다는 것이었습니다. 창암의 생각에도 그럴듯하여 아

나를 찾아가는 길 17

버지의 말씀을 따르기로 하였습니다. 혼자 방에 들어가, 아버지가 빌려다 준 관상책을 놓고 몇 달을 공부하였습니다.

어느 날 창암은 거울을 앞에 놓고 자기 얼굴을 한참이나 들여다보았습니다. 아무리 들여다보아도 어디 한군데 좋은 관상은 없고, 천하고 가난하고 흉한 모습뿐이었습니다. 짐승처럼 산다면 모를까 인간으로서 세상을 살아갈 수 있는 관상이 아니었습니다.

> 창암은 서너 살 때 천연두라는 전염병을 앓았어. 어머니는 병에 대해 자세히 알지 못하고, 보통 종기를 치료하듯이 대나무 침으로 따고 고름을 짜냈단다. 그래서 창암의 얼굴에는 여기저기 얽은 마마 자국이 많이 생겼단다.

그나마 책에서 본 한 구절이 위안을 주었습니다.

얼굴 좋은 것이 몸 좋은 것만 못하고
몸 좋은 것이 마음 좋은 것만 못하다.

신분도 하찮고 관상도 볼품없으니, 그나마 사람 노릇을 하며 살기 위해서는 '마음 좋은 사람'으로 살아가는 수밖에 없었습니다. 창암은 평생을 '마음 좋은 사람'으로 살아가고자 결심하였습니다. 그런데 뒤를 잇는 마음속 질문에 창암은 답을 할 수가 없었습니다.

'마음이 좋다는 건 무슨 뜻일까, 마음 좋은 사람은 어떤 사람일까, 마음 좋은 사람이 되려면 어떻게 해야 할까?'

곰곰이 생각해 보아도 막막하기만 하였습니다. 창암은 어둠 속에 혼자 던져진 느낌이었습니다.

그즈음이었습니다. 창암은 이상한 소문을 들었습니다. 동학(東學)을 공부하는 사람들이 공중으로 걸어다니고, 축지법(먼 거리를 가깝게 하는 도술)을 쓴다는 것이었습니다. 창암은 호기심이 생겨, 그 사람들을 한번 만나 보기로 하였습니다.

> 동학은 1860년 최제우가 일으킨 민족 종교란다. 당시에 조선에 들어온 서양의 학문과 종교를 '서학(西學)'이라고 했는데, 이와 달리 우리나라 고유의 사상에 뿌리를 두었다는 뜻에서 '동학(東學)'이라고 불렀지. 나중에 천도교가 되었고, 3·1운동에도 영향을 주었단다.

그들은 '사람이 곧 하늘'이라고 하였습니다. 사람은 부유하거나 가난하거나, 양반이거나 상민이거나, 남자나 여자나, 어른이나 아이나 모두 다 평등하다고 하였습니다. 또 양반들의 횡포가 없고 외국의 간섭이 없는 새 나라를 세우겠다고 말하였습니다.

그 말을 들은 창암은 머릿속이 훤해지는 느낌이었습니다. 과거에 합격하여 내 한 몸 부귀영화를 누리려던 자신의 옛 모습이 부끄러웠습니다. 이 땅의 모든 사람들이 신분의 차별 없이 어울려 사는 평등한 세상을 만들어 후손들에게 물려주는 일이 바로 자신이 해야 할 일이라는 생각이 들었습니다. '마음 좋은 사람'이 가야 할 길을 찾은 듯하였습니다.

창암은 주저 없이 동학에 들어갔습니다. 새사람이 되자는 뜻에서 이름도 '창암'에서 '창수(昌洙)'로 바꿨습니다.

김창수는 얼마 되지 않아 많은 사람들을 동학으로 이끌었습니다. 일 년 만에 동학의 지방 조직 우두머리인 '접주(接主)'가 되었습니다. 갓 열아홉 살의 김창수에게 '아기 접주'라는 별명이 붙었습니다.

이 무렵, 일본을 비롯한 외국의 여러 나라가 조선을 노리고 침략을

일삼았습니다. 나라는 하루가 다르게 기울어 가고 있었습니다. 벼슬아치들은 나라를 구할 방도를 찾기는커녕 가혹한 세금으로 자신들의 배를 채울 생각만 하였습니다. 백성들의 삶은 그야말로 참혹하였습니다.

마침내 동학은 군대를 일으켰습니다. 못된 벼슬아치들을 쫓아내고 백성 모두가 평등한 나라를 만들자는 깃발 아래 동학군이 떨쳐 일어났습니다.

김창수도 그향에서 군대를 일으켰습니다. 해주성 공격에 선봉장(맨 앞에 진을 친 부대를 지휘하는 장수)이 되어 나섰습니다. 하지만 김창수의 동학군은 훈련이 제대로 되지 않았고 무기마저 부족했습니다. 총 한번 쏘아 보지 못하고 패배하였습니다.

좀 더 철저히 준비할 필요가 있었습니다. 어질고 능력 있는 사람들

을 많이 모아야 했습니다. 체계적인 군사 훈련도 필요했습니다.

때마침 정덕현과 우종서가 동학군을 찾아왔습니다. 두 사람은 동학군이 체계를 갖출 수 있는 여러 가지 방안을 내놓았습니다. 김창수는 둘의 의견을 받아들여, 구월산 아래 근거지를 마련하고 군사 훈련을 시작하였습니다. 김창수의 동학군은 차근차근 '새 세상'을 열 준비를 하고 있었습니다.

그 무렵 김창수에게 반갑지 않은 손님이 둘 찾아왔습니다. 하나는 홍역이었고, 또 하나는 배신이었습니다.

김창수는 두통과 높은 열에 시달렸습니다. 온몸에 붉은 반점이 돋고, 설사와 구토가 멈추지 않았습니다.

또, 동학군 안에 배신자가 생겼습니다. 이동엽이란 사람이었는데, 평소에도 도둑질을 일삼는 등 평이 좋지 않은 사람이었습니다. 그는 자기 부하들을 이끌고 김창수의 근거지를 공격하였습니다. 동학군이 동학군을 습격한 것입니다. 총소리에 자리를 박차고 달려가 보니, 아끼던 부하의 시체가 눈밭에 나뒹굴고 있었습니다. 총에 맞아 죽은 부하의 옷이 전부 불타고 있었습니다. 김창수는 자기의 저고리를 벗어 그를 감싸 주었습니다. 아들이 동학 접주가 되었다고 어머니께서 처음으로 지어 주신 명주 저고리였습니다.

김창수의 동학군은 관군(나라에 소속된 정규 부대)도 일본군도 아닌 배신자에게 죽임을 당하고 뿔뿔이 흩어졌습니다. 김창수는 반 벌거숭이 몸으로 눈밭에서 부하의 시체를 끌어안고 울 수밖에 없었습니다.

　　그렇게 흩어진 동학 무리들은 꼼짝없이 쫓기는 신세가 되었습니다. 김창수의 처지도 다르지 않았습니다. 하늘 아래 제 몸 하나 맡길 곳이 없었습니다.

　　아름답게 꿈꾸던 일들이 허무하게 무너져 내렸습니다. 오래 계속된 고열이 떨어진 아침처럼, 김창수는 무기력하였습니다. 모든 것이 차라리 꿈이기를 바랐습니다. 다시 세상에 나서기가 두려웠습니다. 이때가 1895년, 김창수의 나이 스물이었습니다.

스승 고능선

"창수, 내 방 구경 좀 아니하겠나?"

고능선이라는 선비가 어느 날 김창수에게 말했습니다. 고능선은 그 지방에서 학문이 뛰어나고 품행이 바르기로 이름난 학자였습니다. 김창수는 고능선처럼 훌륭한 선비가 자신에게 관심을 가져 주는 것이 뛸 듯이 기뻤습니다.

동학에서 실패한 김창수는 이즈음 안태훈이라는 사람의 집에 몸을 숨기고 있었어. 훗날 하얼빈에서 이토 히로부미를 쏜 안중근 의사가 바로 안태훈의 큰아들이란다. 안태훈의 집안은 안중근·정근·공근 삼형제를 비롯한 10여 명의 독립운동가를 길러 내 우리나라 독립운동에 큰 업적을 남겼어. 안태훈은 김창수를 일찍부터 눈여겨보아 둔 터라, 어려움에 빠진 김창수를 돕게 된 거야. 고능선을 만난 곳도 안태훈의 집이었어.

고능선의 방을 찾아간 김창수는 어지러운 자신의 마음을 말하였습니다.

"선생님, 제 나이 이제 스물이지만 쓰라린 실패를 많이 경험하였습니다. 이미 '마음 좋은 사람'으로 살고자 목표를 세웠지만 그 길을 알지 못합니다. 제게 가르침을 주십시오."

"자네가 이미 '마음 좋은 사람'이 되고자 하였다면, 실패를 겪었더라도 그 마음이 변해서는 아니 될 일이네. 끊임없이 다시 시도하게. 실패는 성공의 어머니요, 고민은 즐거움의 뿌리라네."

고능선은 김창수의 진실한 사람됨을 꿰뚫어 보았습니다. 김창수도 고능선이 마음 깊이 자신을 아끼고 사랑한다는 것을 느꼈습니다. 두 사람은 서로를 한눈에 알아보았습니다. 김창수는 고능선을 스승으로 섬기고, 고능선은 김창수를 제자로 받아들였습니다. 스승은 마음을 다해 가르쳤고, 제자는 배고픈 아

고능선은 김창수가 장차 호랑이 소리를 내 세상을 놀라게 할 거라며 사람됨을 알아보았습니다.

이가 젖을 빨듯 가르침을 받아들였습니다.

고능선은 책을 미리 정해 차례대로 가르치지 않고, 제자의 부족한 부분을 살펴서 그때그때 빈구석을 채워 주었습니다.
고능선은 '의리(義理)'를 강조하였는데, 아무리 재주와 능력이 뛰어나도 의리에서 벗어나면 그 재능이 도리어 재앙이 된다고 하였습니다. 그래서 사람은 반드시 의리를 생각하면서 행동하여야 한다고 힘주어 가르쳤습니다.
그리고 어떤 일을 하고자 한다면, '판단, 실행, 계속'의 세 단계를 밟으면 성취할 수 있다고 가르쳤습니다. 고능선의 가르침을 받은 김창수는 답답했던 가슴이 트이고 눈앞이 밝아지는 것 같았습니다.
김창수는 마음속으로 생각하였습니다.

'마음 좋은 사람은 바르고 참된 뜻을 세워야 한다. 그러기 위해서는 먼저 여러 각도에서 그 뜻을 살펴야 하는데, 이것이 '판단'이다.
뜻을 세우면, 마땅히 행동으로 옮겨야 한다. 마음에만 있고 실행하지 못하면 그 뜻이 아무리 훌륭하여도 아무 소용이 없다. 용기를 내어 실천에 옮겨야 하는데, 이것이 '실행'이다.
실행은 한두 번 하고 마는 것이 아니다. 살아가는 동안 변치 않고 계속하여야 한다. 성공이나 실패에 얽매이지 말고 끊임없이 노력하는 것이다. 결국 '계속'한다는 것은 끊임없이 '판단'하고, 꾸준히 '실행'한다는 것이다.
 판단, 실행, 계속, 이 세 마디에 마음 좋은 사람이 되는 길이 있는 것이구나.'

 한참을 생각에 잠겼던 김창수의 얼굴에 미소가 번졌습니다. 마음속 깊이 똬리를 틀고 있던 오랜 질문에 대한 답을 알아낸 것입니다.

 어느 날, 고능선은 김창수에게 다음과 같은 시 한 구절을 적어 주었습니다.

 가지를 잡고 나무에 오르는 것은 대단한 일이 아니지만
 벼랑에 매달려 잡은 손을 놓을 수 있다면 대장부로다

 김창수는 선생님이 적어 준 시의 뜻이 무엇일까 마음속으로 곰곰이 생각하였습니다.

 '지금까지의 모습을 과감히 버리고, 새로운 도전으로 뛰어드는 사람만이 희망찬 미래를 열 수 있다. 지금의 자기에게서 벗어나지 않고서는 새사람이 될 수 없다. 새사람이 되기로 결단하는 그 순간에는, 벼랑에서 잡은 손을 놓을 수 있는 용기가 필요하다. 그 손을 놓지 않고서는 새사람이 될 수 없다. 선생님께서는 지금 내게 결단의 순간에 용기를

내라고 하시는 것이다.'

　　김창수는 매일 저녁 고능선의 방을 찾았습니다. 두 사람은 기울어 가는 나라를 걱정하며 함께 눈시울을 적셨습니다. 어떻게 하면 망해 가는 나라를 되살릴 수 있을까 머리를 맞대었습니다.
　　고능선은 김창수에게 중국에 가 볼 것을 권하였습니다. 넓은 세상을 공부하고 중국, 즉 청나라와 힘을 합쳐 나라를 되찾을 수 있는 방법을 연구해 보라는 것이었습니다.

"선생님, 저는 아직 어리고 아무것도 아는 것이 없습니다. 저 같은 사람 혼자서 청나라에 간들 무슨 변화가 있겠습니까?"

"스스로 옳다고 여기는 일을 혼자만이라도 묵묵히 실행하는 사람이 필요한 때라네. 저마다 남이 먼저 하기만을 기다린다면 무슨 일이 이루어지겠는가?"

고능선은 계속하여 말했습니다.

"저마다 저 일을 성실히 하다 보면, 자연히 그 일을 하는 사람이 많아지는 것이네. 아는 것이 적고 나이가 어린 것을 걱정하지 말게. 사람의 많고 적음을 따지지 말게. 옳은 길을 찾으려 애써 보게나."

"바람도 쏘일 겸 떠나 보겠습니다."

스치다를 죽이다

그즈음 나라 안에서는 엄청난 일이 벌어졌습니다. 일본의 불량배들이 궁궐에 침입하여 명성황후를 살해한 것입니다.

명성황후는 청나라와의 전쟁에서 이긴 일본이 우리나라를 자기들 마음대로 하려 하자, 영국·러시아·프랑스 등의 나라와 외교를 맺고 일본을 견제하려고 했단다. 명성황후를 눈엣가시처럼 여긴 일본은 1895년 10월, 깡패들을 동원해서 명성황후를 무참하게 살해했단다.

'나라의 어머니나 마찬가지인 황후가 일본의 깡패들에 의해 살해되다니……. 이것은 국민 전체의 치욕이니 도저히 참을 수 없는 일이다.'

김창수는 나라의 원수를 갚을 길을 찾았습니다. 때마침 만주 지역에서도 명성황후의 복수를 하겠다는 의병이 일어났습니다. 김창수는 의병에 참가하였지만, 전투다운 전투 한번 못해 보고 실패하고 말았습니다. 김창수는 다시 고향으로 돌아왔습니다.

명성황후까지 제거한 일본은 그야말로 안하무인(눈 아래 사람이 없다는 뜻으로, 교만하여 다른 사람을 업신여김)이었습니다. 법과 제도를 자기들 마음대로 뜯어고치려고 하였습니다. 그중 하나가 바로 '단발령'이었습니다. 단발령이란 머리카락을 서양식으로 짧게 자르라는 명령입니다.

차라리 목을 자를지언정 머리카락을 자를 수는 없다.

선비들은 이렇게 외치며 단발령에 맞섰습니다. 부모님이 주신 신체를 상하지 않게 하는 것이 효도의 출발점이라고 믿었던 당시 사람들에게 머리카락을 자르는 것은 상상도 할 수 없는 일이었습니다. 게다가 머리카락을 자르는 것이 결국 일본에게 복종하는 일이기 때문에 더욱 따를 수 없는 일이었습니다.

김창수는 단발령을 피해 다시 중국으로 향했습니다. 평안도 안주에 이르렀을 때였습니다. 단발령을 멈춘다는 공고가 나붙었습니다. 단발령에 대한 저항이 너무 거세지자 명령을 거둔 것입니다. 김창수는 일이 이렇게 돌아간다면 굳이 중국에 갈 필요가 없다고 생각하고 발걸음을 되돌렸습니다. 고향으로 돌아오는 길에, 안악의 치하포 나루터 주막에서 하룻밤을 묵게 되었습니다.

김창수는 그곳에서 행색이 남다른 사람을 하나 발견하였습니다. 머리를 짧게 자르고 한복을 입고 있으나, 말투가 어색했습니다. 자세히 보니 흰 두루마기 밑으로 일본 군인들이 차고 다니는 칼집이 보였습니다. 일본 사람이 틀림없었습니다. 김창수는 곰곰이 생각해 보았습니다.

'이곳은 일본 사람들이 많은 곳이라, 왜놈들이 일본 옷을 그대로 입고 다니는 곳이다. 그러나 저놈은 조선 사람으로 위장하고 있으니 무슨 까닭일까?'

김창수의 생각은 다시 이어졌습니다.

'혹시 저놈이 명성황후를 죽인 일본 깡패 무리 중 하나가 아닐까? 저놈이 명성황후를 죽인 원수가 아니더라도 왜놈들의 첩자임이 분명하다. 내가 저놈을 죽여서 나라의 치욕을 씻어 보리라.'

이때 일본의 침략 행위는 날로 심해져만 가고 있었어. 국민들의 일본에 대한 반감도 커져만 갔단다. 명성황후의 죽음과 단발령은 우리 국민들의 불타는 마음에 기름을 끼얹은 격이었지. 김창수는 이런 시기에 자기처럼 이름 없는 한 젊은이가 명성황후의 복수를 위해 큰일을 냈다는 소문이 널리 퍼지면, 국민들이 그 소식에 자극을 받아 크게 떨쳐 일어날 것이라고 생각했던 거야.

이렇게 결심한 뒤, 김창수는 먼저 주위를 살폈습니다. 주막 안의 손님은 40명이 넘어 보였습니다. 그 사람들 중 왜놈의 패거리가 몇이나 섞여 있는지 알 수가 없었습니다. 김창수는 다시 생각했습니다.

'나는 혼자이고 빈손이다. 섣불리 저놈에게 달려들었다가는 저놈의 칼에 내 목숨만 잃게 될 것이다.'

김창수는 마음을 정하지 못하고 고민에 빠졌습니다. 그때였습니다. 한 줄기 빛이 비치듯 스승 고능선의 교훈이 떠올랐습니다.

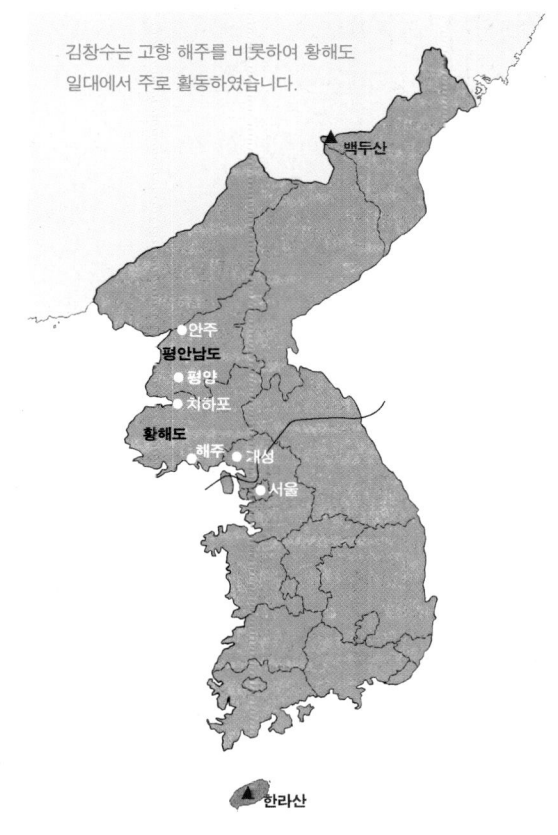

김창수는 고향 해주를 비롯하여 황해도 일대에서 주로 활동하였습니다.

가지를 잡고 나무에 오르는 것은 대단한 일이 아니지만
벼랑에 매달려 잡은 손 놓을 수 있다면 대장부로다

김창수는 자신이 결단의 순간에 서 있다는 것을 깨달았습니다. 일단 마음을 굳히고 보니, 여러 가지 꾀가 떠올랐습니다.
　　우선 김창수는 이상한 행동을 하여 사람들의 이목에서 벗어나야겠다고 생각했습니다. 도저히 혼자 먹을 수 없는 양의 밥을 주문했습니다. 큰 그릇에 밥과 반찬을 한꺼번에 부어 넣고 쓱쓱 비벼 꾸역꾸역 먹기 시작했습니다. 잠시 김창수에게 사람들의 눈길이 모였지만, 이내 김창수를 제정신이 아닌 사람으로 취급하였습니다. 주막 안 사람들은 물론 왜놈도 김창수를 의식하는 빛이 없었습니다.
　　그때였습니다. 김창수는 큰소리를 지르며 왜놈을 발길로 걷어찼습니다. 그리고 쓰러진 왜놈의 목을 힘껏 밟았습니다. 주막 안 사람들이 웅성거리며 모여들었습니다. 김창수는 모여드는 사람들을 향해 크게 외쳤습니다.
　　"누구든지 이 왜놈을 위해 내게 달려드는 자는 가만 두지 않겠다."
　　말이 채 끝나기도 전에, 쓰러져 있던 왜놈이 칼을 뽑아 휘두르며 달려들었습니다. 김창수의 얼굴을 향해 왜놈의 칼날이 날아왔습니다. 간신히 칼날을 피하며 왜놈의 옆구리를 걷어찼습니다. 다시 쓰러진 왜놈의 손목을 밟아 칼을 빼앗았습니다. 김창수는 복수의 칼을 휘둘렀습니다. 차가운 얼음 위로 왜놈의 피가 점점이 흘렀습니다.

　　왜놈의 소지품을 살펴보니, 그는 '스치다'라는 일본군 중위였습니다. 스치다가 가지고 있던 돈이 800냥쯤 되었습니다. 김창수는 주막 주인을 시켜 그 돈을 마을의 가난한 사람들에게 골고루 나누어 주라고 하였습니다. 그리고 먹과 붓을 가져오라고 하여, 다음과 같이 써서 사람들이 많이 오가는 벽에 붙였습니다.

명성황후의 원수를 갚기 위해 이 왜놈을 죽였노라.

해주 텃골 김창수.

　김창수는 치하포 주막을 빠져나와 고향 집으로 왔습니다. 부모님에게 치하포에서 겪은 일을 말씀드리자, 부모님은 잠시 몸을 숨기라고 하셨습니다.
　"제가 한 일은 저 자신을 위한 것이 아니라 나라를 위한 일이니, 조금의 부끄러움도 후회도 없습니다. 제 한 몸을 희생하여, 여러 사람이 나라의 위기를 깨달을 수 있다면, 죽어도 영광된 일입니다."
　김창수가 이렇듯 당당하게 말하자, 부모님도 더 이상 피신을 권하지 않았습니다. 1896년, 김창수의 나이 스물하나였습니다.

투옥과 탈옥

　집으로 돌아온 지 석 달쯤 지났을 때입니다. 집 주변에 평소에 보지 못하던 사람들이 수십 명 나타났습니다. 김창수를 잡아가기 위해 온 경찰들이었습니다.

　그 길로 김창수는 해주 감옥에 갇혔습니다. 고문이 시작되었습니다. 김창수의 두 발과 두 무릎을 꽁꽁 묶어 놓고는 다리 사이로 굵은 나무 몽둥이 두 개를 들이밀었습니다. 그런 다음 양쪽에서 두 사람이 힘껏 내리눌렀습니다. 금세 정강이의 흰 뼈가 드러났습니다. 김창수는 이를 악물고 참아 보려 했지만 결국 기절하고 말았습니다.

　해주 감옥에서 두 달을 보낸 김창수는 인천 감옥으로 옮겨졌습니다. 인천 감옥에 간 지 얼마 되지 않아, 김창수는 장티푸스에 걸렸습니다. 견딜 수 없는 고통에 김창수는 자살을 시도하기까지 했습니다.

인천에서도 심문이 시작되었습니다. 병이 채 낫지 않은 김창수는 간수의 등에 업혀 법정에 들어가야 했습니다. 몸이 약해질 대로 약해진 상태였지만 당당함을 잃지 않았습니다.

"이놈! 내가 죽으면 귀신이 되어서, 살면 몸으로 우리나라의 치욕을 씻을 것이다!"

김창수는 남은 힘을 모두 모아서 법정 안에 있던 일본 순사 와타나베를 꾸짖었습니다. 그의 기세에 눌린 와타나베는 슬금슬금 꽁무니를 빼서 법정 뒤쪽으로 숨어 버렸습니다. 심문을 진행하던 조선 관리들에게도 기울어 가는 나라의 관리로서 도리를 다하지 못한 것을 부끄럽게 생각하라고 큰소리로 말했습니다.

재판 과정을 지켜보던 사람들은 자기들이 못하는 말을 시원시원하게 대신해 주는 당당한 김창수의 모습을 장하게 여겼습니다. 많은 동포들이 김창수를 격려하기 위해 정성껏 음식을 준비하여 보냈습니다. 감옥에서도 김창수에 대한 대접이 달라졌습니다. 김창수의 재판이 열리는 날이면, 법정은 재판을 지켜보기 위해 온 사람들로 넘쳐났습니다. 나라를 사랑하는 동포들의 소리 없는 응원이고 격려였습니다.

감옥에 있는 동안, 김창수는 무엇보다 책 읽기에 힘썼습니다. 아버지가 구해 준 『대학』을 매일 읽고 외웠습니다. 또 서양 사람들이 지은 책도 여러 권 읽었습니다. 우물 안 개구리였던 자신의 모습을 보았습니다. 김창수는 우리 것만이 옳다는 고집을 버리고 넓은 시야를 가져야겠

다고 생각하였습니다. 그러기 위해서는 폭넓게 책을 읽고 깊이 생각하는 자세를 가져야 한다는 것을 새롭게 깨달았습니다.

두 번째로 힘쓴 일은 교육이었습니다. 당시 우리나라에는 글을 읽고 쓰지 못하는 사람들이 많았습니다. 감옥에 있는 죄수들은 열에 아홉이 글을 몰랐습니다. 김창수는 감옥 안의 선생님이 되어, 사람들에게 글을 가르쳤습니다. '김창수가 들어간 이후에 인천 감옥이 학교가 되었다'는 신문 기사가 날 정도였습니다.

'감옥이 학교가 되었다'는 1898년 2월 15일자 독립신문 기사.
김창수는 감옥에서 죄수들에게 글을 가르쳤습니다.

김창수에게 사형선고가 내려졌습니다. 소식을 들은 사람들이 면회를 와서 눈물을 흘리며 마지막 인사를 하였습니다. 김창수는 오히려 그들을 위로하여 보내고는, 감방으로 돌아와 태연하게 책을 읽었습니다.

어느 날 저녁, 감옥 문이 열리면서 '김창수' 하고 부르는 간수의 목소리가 들려왔습니다. 김창수는 '오늘이 내가 죽는 날이구나.' 하고 마음을 정리하며 담담하게 앉아 있었습니다. 같은 방에 있던 다른 죄수들은 마치 자기들이 죽으러 가는 것처럼 벌벌 떨고 있었습니다. 그러나

간수가 전한 말은 김창수를 사형시켜서는 안 된다는 고종 황제의 특별 명령이었습니다.

> 사실 김창수의 사형은 우리 나라 어전 회의(임금의 앞에서 여러 신하들이 모여 나라의 큰일을 의논하던 회의)에서도 통과된 사항이었어. 하지만 김창수와 관련된 수많은 서류를 빠짐없이 읽은 관리 하나가, 명성황후의 원수를 갚기 위해 큰일을 한 사람을 사형에 처해서는 안 된다고 주장했어. 다시 열린 어전회의에서는 일본과 관계된 사건이지만 일단 김창수를 살려 두자는 결론이 내려졌지. 성실하고 책임감 있는 관리 하나가 김창수의 목숨을 살린 거야. 맡은 일에 책임을 다하는 사람의 힘은 이렇게 대단한 거란다.

다행히 사형을 면하기는 하였지만, 감옥 생활이 끝난 것은 아니었습니다. 우리나라에서는 김창수를 풀어 주려고 하였지만, 일본은 자기 나라 사람을 죽인 김창수를 빨리 사형시키라고 항의하였습니다. 김창수가 석방되는 것은 일본의 입장에서는 자존심을 다치는 일이었기 때문입니다.

김창수를 감옥에서 빼내기 위해 많은 사람들이 온갖 방법으로 애를 썼습니다. 특히 강화에 사는 김주경은 김창수의 석방 운동을 위해 자신의 전 재산을 내놓았습니다. 하지단 일본의 끈질긴 방해에 뜻을 이루지 못하였습니다.

김주경의 돈도 바닥이 났습니다. 결국 김주경은 김창수의 석방 소송을 포기하고, 김창수에게 다음과 같은 편지를 보냈습니다.

새장을 박차고 나가야 진실로 훌륭한 새이며
그물을 뚫고 나가야 보통 물고기가 아니리.

탈옥을 권하는 내용이었습니다. 편지를 받아 든 김창수는 곰곰이 생각해 보았습니다.

'우리나라 법에서는 내가 한 일이 범죄 행위로 인정되지 않았다. 우리 국민들은 내가 한 일을 장하게 여기고 있으나, 오직 왜놈들만이 죄 값을 치러야 한다고 주장하고 있다. 나를 죽이려 애쓰는 놈들은 왜놈들뿐이다. 내가 이렇게 감옥에만 있다가 죽게 된다면, 결국 왜놈들만 즐겁게 해 주는 것이 아닌가.'

마음을 굳힌 김창수는 감옥에서 만난 몇몇 죄수들과 탈옥을 계획합니다. 우선 함께 탈옥을 모의하는 사람들을 통해서 돈 200냥을 구해 두었습니다. 또 면회 온 아버지에게 길이가 30센티미터쯤 되는 쇠창을 하나 만들어서 옷 속에 감추어 넣어 달라고 부탁을 하였습니다.

드디어 탈옥하기로 한 날이 왔습니다. 준비한 돈으로 술과 고기를 사서 간수들과 감옥 안 죄수들에게 돌렸습니다. 모두들 거나하게 취했을 때, 김창수는 마루 밑으로 기어 들어갔습니다. 아버지가 준비해 준

쇠창으로 바닥에 깔린 벽돌을 들춰내고 땅을 판 뒤 밖으로 나왔습니다. 그러고는 감옥 담에 줄사다리를 매어 놓았습니다. 그 순간, 김창수의 마음속에는 갈등이 일었습니다.

'다시 감옥으로 들어가 함께 탈옥을 모의한 사람들을 데리고 나오다가 걸리면, 모든 것이 헛일이 되고 만다. 나 혼자 나가자. 어차피 그들은 그리 좋은 사람들도 아니다.'

김창수는 이내 머리를 가로저었습니다.

'아니다. 훌륭한 사람에게 죄를 지어도 부끄럽거늘, 하물며 나보다 못한 사람에게 죄를 짓고야 부끄러워 어찌 견딜까.'

빠져나온 구멍으로 다시 들어간 김창수는 눈짓으로 그들을 불러내었습니다. 담에 걸어 둔 줄사다리로 그들을 먼저 내보내고, 자신은 맨 마지막에 나가기로 하였습니다. 그런데 먼저 줄사다리를 넘은 일행들이 너무 크게 소리를 내는 바람에 그만 들통이 났습니다. 비상사태를 알리는 호각 소리가 나고, 여기저기서 간수들이 뛰쳐나오는 발자국 소리가 났습니다.

김창수는 제 키 정도 되는 막대기를 구해서는, 장대높이뛰기를 하듯 담 하나를 넘었습니다. 아버지가 넣어 주신 쇠창을 꼭 쥐고, 이제부터 앞을 가로막는 자가 있다면 죽기 살기로 싸우겠다고 마음먹으며 정문을 향해 걸었습니다. 파수병들도 비상소집에 동원되었는지 정문에는 아무도 없었습니다. 김창수는 새장을 박차고 나온 새가 되었습니다. 그물을 뚫고 나온 물고기가 되었습니다.

2 백정, 범부가 가는 길

중이 되다

김창수는 감옥을 빠져나왔지만, 어디로 가야할지 막막했습니다. 감옥에서만 생활했던 까닭에 인천 지리에 어두울 수밖에 없었습니다. 캄캄한 밤이라 어디가 어딘지 분간할 수가 없었습니다. 게다가 탈옥수를 잡기 위한 추격대의 호각 소리가 여기저기에서 들려왔습니다.

서서히 날이 밝아 왔지만 마땅히 몸을 피할 데가 없었습니다. 오히려 사람들이 많이 다니는 곳이 안전하겠다는 생각이 들었습니다. 큰길가 소나무 밑에 솔잎을 덮어쓰고 숨었습니다. 바로 앞에서 간수들이 지나가는 소리가 들렸습니다.

한참의 시간이 흘렀습니다. 아침나절에 김창수를 쫓으러 나섰던 간수들이 해질 무렵이 되어서, 다시 감옥으로 돌아가는 소리가 났습니다. 온종일 김창수를 찾았지만 실패하고 되돌아가는 길이었습니다.

간수들이 모두 돌아간 걸 확인한 김창수는 솔잎 더미 속에서 빠져나왔습니다. 종일 굶어서 배가 고팠습니다. 동네 사람에게 죽 한 그릇을 얻어먹었습니다. 날이 이미 어두워져 방앗간에서 하룻밤을 지냈습니다.

다음 날 사람들에게 길을 물어 서울로 향했습니다. 서울에 도착한 김창수는 감옥에서 알고 지내던 사람들을 찾아갔습니다. 이 사람 저 사람 집을 떠돌며 며칠을 보내다가 방랑의 길에 올랐습니다. 전라도의 여러 지역을 돌아보고, 충청도 공주 마곡사에 이르렀습니다. 감나무마다 탐스런 감이 붉게 익어 가는 가을이었습니다.

머리를 숙이고 앉은 김창수의 눈앞으로, 상투가 툭 소리를 내며 떨어졌습니다. 어느 사이 김창수의 눈에서도 눈물이 뚝뚝 떨어졌습니다. 숨어 살기 위해 중이 되기로 하였지만, 오만 가지 생각이 머릿속에 맴돌았습니다.

'원종(圓宗)'이라는 법명을 받고 중이 되어 마곡사에 눌러앉기는 했지만, 김창수는 절 생활에 완전히 적응할 수가 없었습니다. 세상일이 궁금해서 견딜 수가 없었습니다. 무엇보다 몇 년 동안 뵙지 못한 부모

백범이 머물던 공주 마곡사. 스물세 살의 김창수는 탈옥 후 전국을 떠돌다가 마곡사에서 머리를 깎고 몸을 숨겼습니다.

님 걱정이 앞섰습니다. 자신을 위해 전 재산을 탕진한 김주경의 소식도 궁금했습니다.

　김창수는 큰스님에게 금강산에 들어가 공부를 하겠다는 핑계를 대고, 서울을 거쳐 평양으로 가기로 하였습니다.

　평양에 가는 길에, 꿈에도 그리던 부모님을 만났습니다. 부모님은 김창수가 탈옥을 한 뒤 아들 대신 옥살이를 했습니다. 생사도 알지 못한 채 애타는 마음으로 아들을 기다려야 했습니다. 꿈자리가 조금만 사나워도 하루 종일 아무것도 먹지 못했습니다. 이야기를 듣는 김창수의 눈시울이 붉어졌습니다.

　김창수는 평양의 영천암이라는 절에 잠시 머물다가, 결국 승복을

벗고 고향으로 돌아왔습니다.

고향에서 겨울을 보낸 김창수는 자신을 도왔던 김주경을 만나기 위해 강화도로 갔습니다. 김주경의 집을 찾았으나, 김주경은 집에 없었습니다. 그의 집에는 동생 김진경이 살고 있었습니다. 김주경이 집을 나간 지 삼사 년이나 되었지만 소식을 알 수 없다고 했습니다.

김창수는 김진경의 집에 머물며 마을 아이들을 모아 훈장 노릇을 하면서, 김주경의 소식을 기다려 보기로 하였습니다.

강화도에서는 뜻밖의 만남이 김창수를 기다리고 있었습니다. 바로 유완무와의 만남이었습니다. 유완무는 김창수가 인천 감옥에 갇혀 있을 때 김창수를 도우려던 사람 중 하나였습니다. 유완무는 그의 친구들과 힘을 합쳐, 김창수가 깊이 있는 공부를 할 수 있도록 도움을 아끼지 않았습니다. 유완무와 그 친구들은 '김창수'라는 이름을 쓰는 게 위험하다면서, 이름을 '구(龜)'라고 고칠 것을 권했습니다. 김창수도 탈옥한 것을 숨기는 데 도움이 될 것 같아 그러기로 하였습니다.

창수야, '황천(黃泉)'이라고 써 보아라.
아버지, 황천은 저승이 아닙니까? 그 글자는 왜 쓰라고 하십니까?

이놈, 어서 쓰라니까 뭘 하는 게야?

　김구(金龜)는 손을 내젓다가 꿈에서 깨어났습니다. 참으로 기분 나쁜 꿈이었습니다.
　서둘러 고향으로 돌아가기 위해 짐을 꾸렸습니다. 집에 도착해 보니 아버지의 병세가 매우 깊었습니다. 가난한 살림 탓에 치료도 제대로 할 수 없었습니다.
　다급한 김구의 머릿속을 스치는 것이 있었습니다. 옛날 효자들이 제 손가락을 잘라 그 피를 먹여 부모님을 살렸다는 이야기였습니다.

김구는 어머니 몰래, 자기의 넓적다리 살을 한 점 베어 냈습니다. 그 살점을 구워서 아버지에게 드렸습니다. 흐르는 피도 드시게 하였습니다. 양이 적은 탓이었는지, 차도가 보이지 않았습니다.

　　김구는 다시 허벅지 살을 더 크게 베어 내려 했습니다. 처음 살을 잘라 낼 때보다 더한 고통이 느껴졌습니다. 용기를 내어 살을 떼어 내려 하였지만, 아프기만 할 뿐 살점은 떨어지지 않았습니다. 김구는 혼자 탄식했습니다.

　　'손가락이나 허벅지를 베어 내는 것은 진정한 효자만이 할 수 있는 것이구나. 나 같은 불효자가 어찌 효자 흉내를 낼 수 있겠는가!'

　　김구는, 죽음을 앞두고 자신의 무릎을 베고 힘없이 누워 있는 아버지의 얼굴을 하염없이 바라볼 수밖에 없었습니다. 허벅지의 상처보다 더 큰 고통이 밀려왔습니다. 아버지는 열나흘 만에 숨을 거두었습니다.

　　한겨울이라, 초상을 치르는 동안 매서운 눈보라가 몰아쳤습니다. 차가운 칼바람보다도 더한 슬픔이 김구의 뼈에 사무쳤습니다.

　　김구의 아버지 김순영은 몸집이 크고 성격이 시원시원한 사람이었단다. 가난하게 살았지만 양반들에게 아부하거나 비굴하게 굴지 않았어. 오히려 상민들을 괴롭히는 양반들을 힘으로 혼내 준 적이 많았지. 그래서 상민들은 아버지를 존경하며 따랐고, 양반들은 뒤에서는 욕을 했지만 정작 만나면 무서워서 슬금슬금 자리를 피했단다.

사람을 키우는 사람

어느덧 김구의 나이 스물일곱이 되었습니다. 집안 어른들은 김구에게 결혼을 권하였습니다.
김구는 결혼의 조건으로 세 가지를 말하였습니다.

첫째, 돈을 따지지 않는다.
둘째, 신부 될 사람이 학식이 있어야 한다.
셋째, 직접 만나 보아서 마음이 맞아야 한다.

당시만 해도, 상민은 돈으로 신붓감을 사지 않고서는 장가들기가 힘들었습니다. 또한 당시 여성들은 글을 읽고 쓰지 못하는 경우가 대부분이었습니다. 게다가 남녀의 교제가 자유롭지 못하던 때여서, 결혼하지 않은 남녀가 직접 만나 이야기를 나눈다는 것은 있을 수 없는 일이었습니다. 세 가지 모두 여간 까다로운 조건이 아니었습니다.

얼마 뒤, 먼 친척 할머니가 중매를 섰습니다. 그 아가씨의 이름은 '여옥(如玉)'이었습니다. 여옥은 김구가 말한 조건을 따르기로 하였습니다. 김구와 여옥은, 김구 아버지의 삼년상이 끝나면 결혼을 하기로 하였습니다. 그동안 여옥은 김구에게 글을 배우기로 하였습니다.

해가 바뀌었습니다. 김구의 집은 결혼 준비로 분주했습니다. 그런데 여옥이 몹시 아프다는 전갈이 왔습니다. 김구는 그 길로 여옥에게 달려갔습니다. 여옥은 아픈 중에서도 김구가 온 것을 반가워했습니다. 그러나 그것이 여옥의 마지막 모습이었습니다. 여옥은 끝내 숨을 거두었습니다. 아버지의 죽음에 이어, 또다시 김구에게 찾아온 가슴 아픈 이별이었습니다.

'깨어 있는 사람이 많아야 굳세고 아름다운 나라가 된다. 깨어나기 위해서는 먼저 배움이 있어야 한다. 나라를 구하기 위해서는 우선 배워야 한다.'

감옥에 있을 때부터 김구의 머릿속을 떠나지 않던 생각이었습니다. 김구는 나라를 구하는 길이 교육에 있다고 믿었습니다. 교육 사업에 헌신하기로 한 김구는 먼저 기독교를 받아들이기로 하였습니다. 교회에서 만난 사람들과 힘을 합쳐 교육 사업을 펼쳐 나갔습니다.

당시 기독교인들은 신앙심은 물론이고 애국심도 투철했단다. 일본은 '종교 단체를 박해한다'는 소리를 듣기 싫어서인지, 교회에 대한 감시는 상대적으로 느슨하게 했단다. 게다가 서양 선교사들을 통해 서양의 문물과 세상일을 쉽게 접할 수 있는 장점도 있어서, 독립운동에 뜻을 품은 사람들은 자연히 교회로 모여들었지.

황해도 장련 광진학교에서 교사로 일하던 시절의 김구(맨 뒷줄 오른쪽 머리 짧은 사람).
김구는 나라를 구하는 길이 교육에 있다고 믿고 교육 운동에 뛰어들었습니다.

1904년 2월 황해도 장련에 학교가 생겼습니다. 김구를 비롯한 뜻 있는 사람들이 함께 만든 학교였습니다. 김구는 아예 장련으로 집까지 옮기고, 누구보다도 열정적으로 학생들을 가르쳤습니다.

1905년 11월 17일. 러일전쟁에서 승리한 일본은 우리나라를 송두리째 집어삼키려는 야욕을 드러내며 '을사늑약'을 체결하였습니다.

일본과 러시아는 1904년 2월부터 1905년 9월까지 한국과 만주에 대한 지배권을 둘러싸고 전쟁을 벌였는데, 이를 '러일전쟁'이라고 해. 전쟁에서 승리한 일본은 이토 히로부미를 앞세워 우리나라에 '을사늑약'을 강요했단다. 일본은 회의장에 무장한 군인을 배치하여 총칼로 위협하면서 조약을 체결하도록 고종 황제와 대신들을 윽박질렀어. 을사늑약은 1905년(을사년)에 억지로 맺어진 조약(늑약)이란 뜻이란다. 몇몇 신하들이 끝까지 반대했지만, 결국 이완용·이지용·박제순·이근택·권중현 다섯 매국노가 조약에 서명하여 을사늑약이 체결되었어. 이 조약의 체결로 우리나라는 외교권을 빼앗기고, 크고 작은 나랏일에 일본의 간섭을 받게 되었어.

조약 체결 소식이 알려지자, 뜻있는 선비들이 망국(나라를 잃음)의 울분을 견디지 못하고 스스로 목숨을 끊었습니다. 곳곳에서 조약에 반대하는 의병이 일어났습니다.

소식을 들은 김구도 서울로 향했습니다. 많은 애국자들이 조약 체결에 반대하는 상소문을 작성하여 고종 황제에게 올리기로 하였습니다. 종로에서 공개 연설회를 열어 조약의 무효를 주장하였습니다. 하지만 상소문을 올리고, 연설회를 열어도 변하는 것은 없었습니다.

이것은 오로지 우리가 제대로 깨닫지 못한 까닭이다.

나라가 망한다는 것은 우리나라의 영토와 자원을 빼앗김은 물론 우리의 역사와 문화가 없어지는 것을 말한다. 거기에서 그치는 것이 아니다. 개개인의 모든 권리와 인격, 심지어는 목숨까지도 보존할 수 없는 상태에 이르는 것이다. 나라를 위함이 곧 나를 위함이요, 나라를 지키는 것이 곧 나를 지키는 일이다.

이것을 깨달아야 나라를 아끼고 지키려는 마음이 일어나는 것이다.

깨어나야 한다. 양반이건 상놈이건, 남자건 여자건, 모두 다 깨어나야 한다. 깨어나지 못하면 애국하는 길도 찾을 수 없다!

생각이 여기까지 이르자, 김구는 고향으로 돌아가 교육 사업에 더욱 매진하기로 결심하였습니다. 사람을 키우는 사람이 되기로 하였습니다. 나라 사랑하는 사람들을 길러 내기로 하였습니다.

사람들을 깨어나게 하기 위해서는 스스로 날마다 새로 깨어나는 사람이 되어야 했습니다.

'날마다 새로 깨어나는 사람'이

바로 '마음 좋은 사람'의 다른 이름이라는 것을 깨달았습니다.

고향으로 돌아온 김구는 교회에서 알게 된 사람의 소개로 최준례를 만났습니다.

최준례는 이미 부모가 정해 준 결혼 상대가 있었지만, 결혼 상대만큼은 자기 스스로 정해야 한다며 결혼의 자유를 주장하였습니다. 그리고 자신의 남편감은 김구뿐이라고 하면서, 김구가 아니면 시집가지 않겠다며 고집을 꺾지 않았습니다.

김구와 최준례는 1906년 12월 결혼하여 부부가 되었습니다. 김구의 나이 서른하나였습니다.

두 번째 투옥

1909년 10월 26일, 중국 하얼빈 역. 이토 히로부미가 기차에서 내렸습니다. 이때를 노리고 있던 안중근은 권총을 뽑아 들었습니다. 일곱 발의 총성이 울려 퍼졌습니다. 그중 세 발이 이토 히로부미의 몸에 명중하였습니다. 안중근은 '대한 독립 만세'를 외치고 태연히 체포되어, 다음 해 3월 26일 중국의 뤼순 감옥에서 사형을 당했습니다.

안중근 의거 후, 일본은 국내의 애국지사(나라를 위하여 자기의 돈과 마음을 다 바쳐 일하는 사람)들을 잡아들였습니다. 김구도 해주

안중근(1879~1910)

감옥에 다시 잡혀갔습니다.

　일본 검사는 김구가 안중근과 어떤 관계인지, 하얼빈에서 일어난 일에 관련되어 있는지를 집요하게 캐물었습니다. 김구는 안중근의 아버지인 안태훈과는 특별한 인연이 있지만, 이번 하얼빈에서 일어난 일과는 아무 연관이 없다고 말하였습니다.

　일본 검사는 이미 김구에 대해 조사한 백여 쪽 분량의 자료를 가지고 있었습니다. 그 자료에는 김구의 행적이 빼곡하게 적혀 있었지만, 김구가 예전에 김창수였다는 사실은 기록되어 있지 않았습니다. 일본은 김구와 김창수를 다른 사람으로 알았던 것입니다.

　끈질기게 달라붙던 검사도 이토 히로부미의 죽음에 김구를 얽어맬 수 없었습니다. 김구를 계속해서 잡아 둘 명분이 없었습니다. 해주에서 며칠 동안 조사를 받은 김구는 집으로 돌아왔습니다.

　한일합방이 발표되었습니다. 나라가 망했습니다. 일본이 우리나라를 완전히 집어삼킨 것입니다.

 1910년 8월 29일. 치밀한 계획 아래 조선의 **합병**(둘 이상의

단체나 나라를 하나로 합침)을 계획하였던 일본은 우리나라 관리들을 **매수**(금품으로 남의 마음을 사서 자기 편으로 만드는 일)하여, 한일합병 조약을 체결하였단다. 이 조약으로 우리나라는 완전히 일본의 지배 아래 놓이게 된 거야. 이날을 '국치일'이라고 하는데, 나라가 치욕을 당한 날이란 뜻이야.

애국지사들은 나라를 되찾기 위한 비밀 정치조직을 구성하였습니다. 그 이름을 '신민회(新民會)'라 붙였습니다. 새로운 국민이 되어야 나라를 되찾을 수 있다는 뜻이 담겨 있는 모임이었습니다.

김구도 신민회의 비밀회의에 참석하기 위해 서울에 다녀왔습니다. 회의에서는 비밀리에 우리 정부를 세울 것, 군인 학교를 세워 광복 전쟁을 준비할 것, 이를 위해 독립 자금을 모금할 것 등을 결정했습니다.

고향으로 돌아온 김구는 독립 자금을 모금하는 등 회의에서 결정된 일들을 추진하면서 바쁜 나날을 보냈습니다.

어느 날, 안중근의 사촌 동생인 안명근이 김구를 찾아왔습니다. 안명근은 독립 자금을 내놓기로 약속하고 이를 지키지 않는 안악의 부자들을 혼내 주겠다고 하였습니다.

김구는 지금은 그럴 때가 아니니, 자중하면서 때를 기다리자고 타일렀습니다. 안명근은 못내 아쉬운 기색으로 돌아갔습니다.

얼마 뒤, 안명근이 체포되었다는 기사가 신문에 났습니다. 군인 학교를 세우기 위해 독립 자금을 모금하던 안명근을 어떤 사람이 일본 경찰에 **밀고**(남몰래 넌지시 일러바침)한 것입니다. 일본은 밀고 내용을 교묘하게 조작하여, 실제로 있지도 않은 일을 꾸며 냈습니다. 안명근이 자금을 모아 무기를 준비하고 당시 조선 총독이던 데라우치를 암살하려다 사전에 발각되었다는 것입니다. 거짓으로 사건을 꾸며 죄를 덮어씌운 것입니다.

해가 바뀌었습니다. 1911년 1월 이른 아침. 갑자기 일본 헌병들이 들이닥쳤습니다. 이유도 알지 못한 채 끌려간 김구는 곧장 손발이 묶여 신문실(어떤 사건에 관하여 증인, 피고인 등에게 말로 물어 조사하는 방) 천장에 매달렸습니다.

김구뿐만이 아니라, 황해도와 평안도 일대의 애국지사가 모조리 잡혀 들어왔습니다. 일본은 안명근 사건을 더욱 확대, 조작하여 으리나라 애국지사들을 완전히 뿌리 뽑으려 들었습니다. 신민회 회원이 중심이 되어, 데라우치를 암살하려 했다고 몰아붙였습니다. 얼마나 많은 사람들이 붙잡혀 왔는지 감옥이 부족할 지경이었습니다. 나중에 유죄 판결을 받은 사람만 105명이나 되어, 이 일을 '105인 사건'이라고 합니다.

일본 경찰은 김구에게 안명근과의 관계를 물었습니다. 김구는 서로 아는 친구일 뿐 함께 일한 적은 없다고 대답했습니다. 다짜고짜 몽둥이질이 시작되었습니다. 일본 경찰은 자기들이 미리 짜 놓은 각본대로 자백할 것을 강요하며 사정없이 매질을 하였습니다.

저녁 때 시작된 고문이 다음 날 아침 녘이 되어서야 끝났습니다. 온몸이 상처투성이가 된 김구는 차가운 유치장 바닥에 내던져졌습니다. 밤을 새워 자신을 고문하던 왜놈들의 모습이 김구의 머릿속에서 지워지지 않았습니다.

'지금 저 왜놈들은 이미 집어삼킨 우리나라를 소화시키려 밤을 새우는데, 나라를 구하겠다는 나는 나라를 위해 밤을 새워 일한 적이 몇 번이나 있었던가?'

가혹한 매질보다도 훨씬 더 고통스런 부끄러움이 밀려왔습니다. 후회와 반성의 눈물이 흘렀습니다.

하루는 최고 신문실로 끌려갔습니다. 그곳에는 17년 전 인천 법정에서 김구에게 망신을 당했던 일본 순사 와타나베가 꽤 높은 계급장을 달고 앉아 있었습니다.

와타나베는 자기 가슴에 X광선이 있어서 김구의 행적과 비밀을 모두 투시할 수 있다고 거만하게 말했습니다. 조사가 계속되었지만, 와타나베는 지금 이 자리에 있는 김구가 17년 전의 김창수라는 사실을 전혀 몰랐습니다.

김구는 두렵기만 했던 일본이 갑자기 작게 느껴졌습니다. 우습기까지 했습니다. 그러고 보니, 나라는 망했어도 국민까지 망가진 것은 아니라는 생각이 들었습니다. 평소 김구를 감시하던 우리나라 첩자들도 조금의 양심은 남아서 와타나베에게 김구의 옛 행적까지 일러바치지는 않았던 것입니다.

김구는 한번 조사를 받으러 가면 정신을 잃은 채로 유치장으로 돌아왔습니다. 매번 가혹한 고문이 행해졌습니다. 매질은 물론이고, 불에 달군 쇠막대기로 온몸을 지지고, 거꾸로 매단 채 콧구멍에 물을 부었습니다. 악에 바친 왜놈들은 큰소리로 협박했습니다.

"네 동료는 모두 자백을 하였다. 너 한 놈만 자백하지 않으니 너는 멍청하기 그지없구나. 새로 땅을 사들인 주인이 그 땅의 뭉우리돌(모난 데가 없이 둥글둥글하게 생긴 큼지막한 돌)을 골라 버리는 것은 당연한 일이다. 바른대로 말하지 않으면 죽여 버리겠다."

협박도 안 통하면, 사흘이고 나흘이고 굶겼습니다. 고통과 배고픔에 지칠 대로 지치면, 좋은 음식을 내놓으면서 살살 꾀었습니다. 사실대로 말하면 금방 풀려날 수 있고, 앞으로도 편안하게 살 수 있도록 도와주겠다면서 미끼를 던졌습니다.

신체적인 고문은 이를 악물고 견딜 수 있었지만, 굶기는 고문과 잘 대해 주는 고문은 견디기가 힘들었습니다.

그때마다 김구는 옛 충신들의 이야기를 떠올리면서 마음을 다잡았습니다.

"너희가 내 몸을 욕보일 수는 있어도, 내 정신을 빼앗을 수는 없다."

김구는 민족의 자존심을 걸고, 이 땅의 '뭉우리돌'이 되기로 결심하였습니다. 결코 왜놈들의 손에 의해 내던져지지 않는 뭉우리돌이 되어 끝까지 싸우기로 마음먹었습니다.

김구는 15년 형을 받고, 서울 서대문 형무소로 옮겨졌습니다. 1911년, 김구의 나이 서른여섯이었습니다.

감옥 생활을 하면서 김구는 독립운동에 대한 새로운 희망을 갖게 되었습니다. 와타나베를 비롯해서, 조사받는 동안 만난 일본인 중에 인물다운 인물을 발견하지 못하였기 때문이었습니다. 모두 다 독살스럽고 좀스런 놈들뿐이었습니다. 태산처럼 크고 두렵게 느껴지던 일본이 겨자씨처럼 작게 느껴졌습니다. 일본의 운이 길게 가지는 못할 거라는 확신이 들었습니다.

형무소에 갇힌 지 일고여덟 달이 되었을 때였습니다. 어머니가 첫 면회를 오셨습니다. 15년이나 감옥에 있어야 할 아들을 보면서 어머니는 당당하게 말하였습니다.

"네가 지금 이곳에 갇힌 몸이 되었다만, 나라를 위해 일하다 그리 된 것이니, 나는 네가 경기 감사가 된 것보다도 더 기쁘구나."

어머니는 아내와 어린 딸 화경이도 같이 왔지만 면회가 한 사람밖

일제의 탄압과 민족의 수난을 상징하는 서대문 형무소. 김구는 이곳에서 백범으로 다시 태어났습니다.

에 안 된다고 해서 혼자 들어오셨다고 하였습니다. 다 잘 지내고 있으니 집안 걱정은 하지 말고, 건강을 돌보라고 하였습니다. 내내 힘찬 표정이었습니다. 눈물 한 방울 보이시질 않았습니다.

어머니의 말씀을 듣는 동안, 김구는 한마디도 할 수가 없었습니다. 자기 때문에 고생하는 어머니와 가족들에게 미안했습니다. 저렇게 씩씩한 어머니가 면회를 부탁하면서 왜놈들에게 머리를 숙였을 생각을 하니 가슴이 아팠습니다. 지금 어머니가 저렇게 힘차게 말씀하셔도, 돌아가실 때에는 눈물이 앞을 가려 발부리가 보이지 않으실 거라 생각하니 저절로 눈시울이 붉어졌습니다.

김구는 어머니를 위해서라도 하루빨리 이 땅에서 일본 놈들을 모조리 쫓아내고야 말겠다는 각오를 새롭게 다졌습니다.

김구의 형량은 15년에서 7년으로, 또 5년으로 줄어들었습니다.

지금 우리나라에서도 광복절이나 성탄절 등 좋은 날에는 감옥에 있는 사람들을 풀어 주거나 형을 줄여 주잖니. 이걸 '사면'이라고 해. 당시 일본도 일본의 천황과 황후가 죽자 대사면을 내렸어. 1912년 일본 천황 메이지가 죽어 15년 형이 7년으로 줄어들었고, 연이어 그의 아내가 죽어 다시 5년 형으로 줄어든 거란다.

이제 다시 세상에 나간다는 희망이 생겼습니다. 김구는 세상에 나가더라도 지금의 '뭉우리돌' 정신을 잃지 않겠다고 다짐하고 또 다짐했습니다. 그것이 '마음 좋은 사람'이 가야 할 길이라고 굳게 믿었습니다.

그러면서 이름을 '구(龜)'에서 '구(九)'로 바꾸었습니다. 그리고 스스로 '백범(白凡)'이라는 호를 지었습니다.

백범이 '하얀 호랑이'란 뜻 아니냐고? 아니야. 백범(白凡)은 **백정**(白丁 가축을 잡는 사람으로 당시 가장 천대받은 계층)과 **범부**(凡夫 보통 사람)에서 한 글자씩 따온 거야. 백범(白凡)이라는 호에는, 우리나라가 완전한 독립국이 되려면 가장 낮은 계층의 사람들인 백정과 범부들도 모두 깨어나 김구와 같은 애국심을 가져야 한다는 뜻이 담긴 거란다. 그러니까 백범은 김구 한 사람만이 아니야. 평범한 하루하루를 살아가는 우리 모두도 '백범'이라고 할 수 있겠지.

'백범'이란 호에는 '가장 낮은 사람'이 되어 새로 태어나자는 마음이 담겨 있습니다. 물은 항상 아래로 흐르지만 만물에게 이로움을 줍니다. 김구는 높은 자리에 가는 사람이 아니라 물처럼 낮은 곳으로 가는 사람이 되기로 하였습니다.

'스스로 깨어나 낮은 곳으로 가는 것'이 '마음 좋은 사람'이 가야 할 길이라고 김구는 굳게 믿었습니다.

김구는 감옥에서 뜰을 쓸고, 유리창을 닦았습니다. 그럴 때마다 소리 없이 기원하였습니다. 우리나라가 하루빨리 독립을 이루어서, 우리 정부의 뜰을 쓸고 유리창을 닦는 일을 해 보고 죽을 수 있게 해 달라고.

1915년 8월 김구는 석방되었습니다. 그의 나이 마흔이었습니다.

3 광복, 길고 외로운 길

임시정부의 문지기가 되고자

1919년 3월, 우리나라 방방곡곡에 '대한 독립 만세'의 함성이 메아리쳤습니다.

1919년 3월 1일 서울에서 시작된 독립 만세 운동은 200만 명이 넘는 사람들이 참여한 가운데 두 달여에 걸쳐 전국적으로 진행되었어. 비폭력 저항의 원칙 아래 평화적으로 만세 운동을 벌이던 우리 겨레를 일본 경찰과 헌병은 무자비하게 진압했지. 일제의 총칼에 8천 명 가까운 사람이 목숨을 잃었단다. 하지만 3·1운동을 통해 우리 겨레는 '일본의 식민 지배를 받을 수 없다'는 뜻을 전 세계에 알렸고, 당시 식민 지배를 받던 약소국들에게 민족 정신과 독립 정신을 심어 주었단다.

백범이 살고 있는 황해도 안악에도 만세 운동의 물결이 밀려왔습니다. 백범은 만세 운동에 참여하지 않았습니다. 이미 나라 밖 독립운동가들과 비밀리에 연락을 하면서, 망명을 계획하고 있었기 때문입니다. 일본 헌병들에게 일상생활까지 감시를 받게 된 국내에서는

임시의정원 기념 사진(둘째 줄 맨 오른쪽이 백범).
상하이에 모인 애국지사들은 각 지방 출신 대표자들을 의원으로 뽑아 임시의정원을 열었습니다.

제대로 된 독립운동을 할 수 없어서였습니다. 중국 상하이로 가서 본격적인 독립 투쟁을 할 작정이었습니다.

일본 헌병의 감시가 소홀해진 틈을 타서, 백범은 기차에 몸을 실었습니다. 신의주와 중국 안둥을 거쳐 상하이에 도착했습니다.

상하이에는 이미 많은 독립운동가들이 모여 있었습니다. 상하이에 모인 애국지사들은 각 지방 대표자들을 의원으로 뽑아 임시 국회인 '임시의정원'을 열고, 임시정부를 세웠습니다. 이것이 바로 '대한민국 임시정부'입니다. 백범은 황해도 대표로 임시의정원에 참여하였습니다.

지금까지 나라의 주인은 임금 한 사람이었습니다. 그러나 임시정부를 세우면서 나라의 주인은 임금이 아닌 우리나라 사람 모두라고 뜻을 모았습니다. 그래서 나라 이름도 '대한제국(大韓帝國)'에서 '대한민국(大韓民國)'으로 바꾸었습니다. 대통령도 뽑고, 지금처럼 삼권 분립을 보장하는 민주주의 정부를 세운 것입니다.

대통령으로 뽑힌 이승만이 아직 미국에서 오지 않아, 당시 내무총장이던 안창호가 임시정부의 대표 역할을 하고 있었습니다.

> 안창호는 평안남도 남포에서 태어난 사람이야. 독립운동으로 여러 차례 감옥에서 고생을 하였고, 점진학교·대성학교를 세우는 등 교육 운동에서도 많은 업적을 남겼지. 정직과 성실을 강조하는 민족 계몽 운동에 평생을 바친 분이란다.

백범은 안창호를 찾아가 말했습니다.

"저는 오래 전부터 우리나라 정부의 문지기가 되기를 꿈꿨습니다. 제가 임시정부의 문을 지킬 수 있게 해 주십시오."

"백범의 나이 벌써 마흔넷입니다. 나이 많은 선배가 문지기를

도산 안창호(1878~1938)

서고 있으면, 후배들이 미안하고 거북해서 일하기가 힘들어집니다. 그리고 백범은 여러 해 동안 감옥 생활을 하여 왜놈들의 사정을 잘 알고 있으니 경무국장 자리가 적합합니다."

안창호는 정성을 다해 백범을 설득했습니다. 결국 백범은 안창호의 뜻을 받아들였습니다.

경무국은 지금의 경찰청과 같은 부서로, 일본 첩자들의 활동을 막고, 한편으론 독립운동가 중에 배신자가 생기지 않는지 살피는 일을 하는 곳이었습니다.

이듬해인 1920년, 아내 최준례가 두 돌이 채 되지 않은 맏아들 인(仁)을 데리고 상하이로 왔습니다. 2년 뒤 어머니도 상하이로 오셨습니다. 둘째 아들 신(信)이 태어났습니다. 백범의 가족은 참으로 오래간만에 함께 살게 되었습니다. 어머니를 모시고 아내와 함께 아들의 재롱을 보면서 백범도 처음으로 사람 사는 맛을 느꼈습니다.

행복은 오래가지 않았습니다. 둘째 신(信)을 낳고 몸이 좋지 않던 아내가 가파른 계단에서 굴러 갈비뼈를 다쳤습니다. 형편이 어려워 제대로 치료를 하지 못해 폐렴이 되었습니다. 병원에 입원했지만 때늦은

큰아들 인, 아내 최준례와 함께 찍은 사진.
백범은 감옥 생활과 임시정부 일로 가족과 함께 많은 시간을 보내지 못했습니다.

일이었습니다.

결혼한 지는 20년이 다 되어 갔지만, 감옥 생활과 임시정부 일로 떨어져 지내느라 함께 산 시간은 10년이 조금 넘을 뿐입니다. 독립운동에 몸 바친 남편의 뒷바라지에 온갖 고생을 한 아내였습니다. 일본의 감시 때문에 프랑스 조계 밖으로 한 걸음도 나갈 수 없던 백범은 아내의 마지막을 지키지 못했습니다. 아내는 병원에서 혼자 쓸쓸하게 눈을 감았습니다.

당시 중국은 여러 나라의 침략에 시달리고 있었어. 그에 대항할 힘이 없었던 중국은 몇몇 도시의 일정 지역을 영국, 미국, 프랑스 등 다른 나라에게 떼어 주었는데, 이를 '조계(租界)'라고 한단다. 조계란 외국인에게 특별한 권리가 인정되는 지역이야. 예를 들어 '프랑스 조계'는 비록 중국 땅 안에 있지만, 그 지역은 프랑스 외의 다른 나라가 간섭을 할 수 없는 지역인 거야. 중국 안의 프랑스라고 할까?

장례를 마치고(왼쪽 위부터 시계 방향으로 백범, 어머니 곽낙원, 큰아들 인, 작은아들 신). 백범은 미안한 마음으로 아내의 묘비 뒤에 섰습니다.

백범은 장례식을 간소하게 치르려 하였습니다. 나라의 독립을 찾기 전이니 결혼식이나 장례식을 성대하게 하는 것은 도리가 아니라고 생각했기 때문입니다.

임시정부 식구들은 그래서는 안 된다고 하였습니다. 독립운동을 하는 남편을 정성껏 도운 아내 역시 독립운동을 한 것이나 마찬가지이므로, 독립운동가의 마지막이 초라해서는 안 된다는 것이었습니다. 임시정부 식구들이 성의껏 돈을 모아 장례식을 치렀습니다.

장례식을 마치고, 아직 철부지인 인과 신이 엄마의 묘비인 줄도 모르고 그 좌우에 섰습니다. 아직 걸음도 제대로 걷지 못하는 신을 백범이 뒤에서 붙잡았습니다. 누군가가 사진을 찍었습니다. 고생만 한 아내에게 미안했던 탓인지 백범은 자꾸만 묘비 뒤로 숨고 싶어졌습니다.

해가 갈수록 임시정부의 사정은 나빠졌습니다. 임시정부의 책임을 맡은 이승만은 미국에 있으면서 개인적인 행등을 일삼았습니다. 독립운동가들의 성화에 못 이겨 상하이에 와서는 6개월 정도 머물다 도로 미국으로 가 버렸습니다. 독립운동에 대한 뾰족한 방법도 내놓지 못했습니다. 미국 동포들이 모아 준 독립운동 자금도 임시정부에 제대로 전달하지 않았습니다. 결국 이승만은 탄핵(대통령, 국무위원, 법관 등의 죄를 물어 해임하거나 처벌하는 일)을 받고 대통령 자리에서 쫓겨났습니다.

독립운동가들 사이에 세력 다툼과 사상 분쟁이 생겨, 임시정부는 분열되었습니다. 게다가 국내에서 독립 자금을 보내 주던 비밀 경로가 일본 경찰에게 발각되어, 자금줄마저 끊겼습니다. 임시정부는 심각한 자금난(돈이 부족하거나 없어서 생기는 곤란)에 시달렸습니다.

뜻이 굳었던 몇몇을 남기고 많은 사람들이 임시정부를 떠났습니다. 먹고살기 위해서, 위험하고 힘든 생활에 지쳐서 하나 둘씩 흩어졌습니다. 심지어 어떤 사람들은 일본의 앞잡이가 되었습니다.

백범은 이 시기에 내무총장을 거쳐, 임시정부의 대표인 국무령이 되었습니다. 백범이 높은 자리를 원한 것은 아니었습니다. 아무도 어려움에 빠진 임시정부를 지키려 하지 않았기 때문입니다. 정부의 우두머리가 되었지만 백범의 삶은 외롭고 비참했습니다.

끼니를 제대로 이어갈 수 없었습니다. 어머니가 중국 상인들이 버린 채소 더미 속에서 먹을 만한 것을 골라내서 반찬거리를 만들 지경이었습니다. 살림살이는 점점 어려워졌습니다. 어머니는 먹는 입이라도 줄여야 한다며, 인과 신을 데리고 고국으로 가셨습니다. 백범은 타국 땅 상하이에서 또다시 혼자가 되었습니다. 잠은 임시정부 청사에서 자고 밥은 동포들의 집을 떠돌며 얻어먹었습니다. 거지 중에서도 상거지였습니다.

이때가 임시 정부가 가장 어려웠을 때야. 독립운동을 하겠다던 사람들 대부분이 떠나가고, 독립운동을 할 돈도 없었지. 백범은 이제 내 한 몸이 죽어서라도 독립운동을 해야겠다고 마음을 먹었어. 목숨을 버릴 생각을 하니, 고국으로 돌아간 어린 두 아들 생각이 떠올랐어. 멀리 떨어져 있는 두 아들에게 자신이 걸어온 길을 날마다 조금씩 유언 남기듯 적어 나가기 시작했어. 이것이 바로 『백범일지』란다.

백범은 나라를 위해 목숨을 내놓기로 하고,
아직 어린 두 아들에게 자신이 걸어온 길을 유서 형식으로 쓰기 시작하였습니다.
『백범일지』는 현재 보물 제1245호로 지정되어 있습니다.

　외로움과 배고픔도 백범의 뜻을 꺾지 못하였습니다. 희망은 본래 고통 속에서 싹트는 법입니다. 백범은 궁리 끝에 해외 동포들에게 편지를 보내기 시작하였습니다. 임시정부의 상황을 설명하고 도움을 부탁했습니다. 얼마나 편지를 보냈을까, 드디어 해외 동포들에게 드문드문 답장이 오기 시작하였습니다. 모두 임시정부를 돕겠다고 하였습니다. 대부분 백범이 어려운 와중에도 임시정부를 지켜준 것을 고맙게 생각한다면서, 돈을 보내 주겠다는 답장이었습니다.

　백범은 다시 답장을 썼습니다.

　'아직 구체적인 계획을 말할 수 없으나, 간절히 하고 싶은 일이 있습니다. 실행 단계가 되면 연락을 하겠으니, 그때 돈을 보내 주십시오.'

　백범은 어둠 속에서 희망의 끈을 부여잡았습니다.

일본의 심장을 겨누다

　1931년 1월, 이봉창이란 사람이 임시정부를 찾아왔습니다. 며칠 뒤 이봉창은 주방에서 직원들과 술잔을 나누었습니다.
　"당신들은 독립운동을 한다면서 왜 일본 천황을 못 죽입니까?"
　술기운이 역력한 이봉창이 말했습니다.
　"일본 하급 관리도 죽이기 어려운데, 천황을 죽이기가 쉽겠소?"
　술자리에 함께 있던 임시정부 직원 하나가 빈정거리듯 말했습니다.
　"몇 년 전 도쿄에 있을 때 천황 즉위식을 구경하러 갔었어요. 천황이 지나간다며 사람들에게 길가에 엎드리라고 하기에 나도 엎드렸지요. 그때 내 손에 폭탄 하나만 있었다면, 천황이 지금도 살아 있겠습니까?"

이봉창은 1901년 서울에서 태어났어. 집안이 가난했던 탓에 학교를 제대로 못 다니고, 어린 나이부터 닥치는 대로 일을 했단다. 열아홉 살에 용산역 철도 견습생으로 취직이 되었지만, 일본인이 아니라는 이유로 차별을 받자 그만두었어. 이봉창은 이름을 '기노시타 쇼조'로 바꾸고, 완벽한 일본인이 되어 차별에서 벗어나겠다는 생각으로 일본으로 갔어. 말투는 물론 걸음걸이, 손짓 발짓까지 모두 일본인처럼 하려 애썼지. 하지만 아무리 조심을 해도 어느 순간에 일본인이 아닌 게 탄로가 났고, 그 순간부터 또다시 푸대접과 차별이 시작되었어. 당시 일본에 살고 있던 우리 민족이 겪는 시련과 고통을 자신의 두 눈으로 확인한 그는, 나라 잃은 백성은 어디서든 똑같은 설움을 겪어야 한다는 것을 깨달았어. 이름과 나라를 버리고, 자기 혼자만 잘 살고자 했던 지난 세월에 부끄러움을 느끼게 되었지. 그 무렵 상하이에 우리나라 임시정부가 있다는 소식을 듣게 되었어. 이봉창은 그 길로 미련 없이 상하이로 가는 배에 몸을 실은 거야.

백범은 주창에서 들려오는 이봉창의 말을 유심히 듣고 있었습니다. 그날 밤 백범은 이봉창이 묵고 있는 여관에 찾아갔습니다.

이봉창(1901~1932)

"내 오늘 당신이 하는 이야기를 유심히 들었소."

백범은 조심스럽게 마음속에 품고 있던 이야기를 풀어냈습니다.

독립을 위해서는 마땅히 군대를 조직하여 조국을 되찾아야 하지만 엄청난 돈과 사람이 필요한 군대를 지금 당장 만들 수 없다, 그래서 뜻 있는 젊은이들을 모아 '한인애국단'을 만들고자 한다, '한인애국단'의 주요 임무는 일본 정부 요인(중요한 자리에 있는 사람, 또는 윗자리에 있는 사람)들을 암살하고 주요 기관을 파괴하는 것이라고 말하였습니다.

이봉창은 백범의 말에 깊이 동감하면서 자신도 그 일에 앞장서겠다고 하였습니다.

당시 임시정부 사람들은 이봉창이 임시정부에 드나드는 것을 몹시 못마땅하게 생각했습니다. 얼핏 일본인처럼 보이는 외모와 행동거지 때문이었습니다. 혹시 일본의 첩자가 아닐까 의심하는 사람까지 있었습니다.

하지만 백범은 이봉창의 깊은 속마음을 읽고 있었습니다. 그의 몸속에는 누구보다도 뜨거운 '대한 사람'의 피가 흐른다는 것을, 그의 가슴속에는 나라 잃은 백성의 분노와 일본에 대한 복수심이 들끓고 있다는 사실을 백범은 알고 있었습니다.

"폭탄을 던지고 나서 당신이 어찌 될지는 생각해 보았소?"

백범이 슬픈 눈빛으로 물었습니다.

"선생님, 제 나이가 서른하나입니다. 앞으로 31년을 더 산다 해도, 나이 들어 무슨 재미가 있겠습니까? 인생의 목적이 쾌락이라면 저는 이미 지난 31년 동안 다 강 맛보았습니다. 그러니 이제는 영원한 즐거움을 얻기 위해 독립운동에 목숨을 내놓겠습니다."

이봉창은 밝게 웃으며 대답하였습니다.

임시정부의 사정은 변함없이 어려웠습니다. 백범은 여전히 거지꼴로 밥을 얻어먹으며 살아야 했습니다. 백범은 해외 동포들에게 독립 자금을 보내 달라고 편지를 썼습니다.

드디어 동포들에게 답이 왔습니다. 큰일을 준비할 자금도 함께 왔습니다.

백범은 그 돈으로 폭탄 두 개를 장만했습니다. 남은 돈은 한 푼도 쓰지 않고, 자신의 해진 옷 속에 감추었습니다. 여전히 얻어먹으며 끼니를 이었습니다. 아무도 백범의 옷 속에 큰돈이 있을 거라고 생각조차 못했습니다.

1931년 12월 중순 깊은 밤, 백범과 이봉창은 비밀리에 만났습니다. 둘은 하룻밤을 같이 보냈습니다. 백범은 이봉창에게 폭탄의 사용법을 알려 주고, 하나는 천황을 제거하는 데, 또 하나는 자살하는 데 쓰라고 하였습니다. 고문을 견디는 것이 죽음보다도 고통스럽다는 것을 백범 스스로가 너무나도 잘 알고 있었기 때문입니다. 다음 날 아침 백범은 지폐 한 뭉치를 이봉창에게 건넸습니다. 그 돈으로 일본에 갈 준비를 하고, 이틀 뒤 다시 만나기로 하였습니다.

이틀 뒤 백범과 이봉창은 마지막 밤을 함께 보냈습니다. 이봉창은 말했습니다.

"그제 선생님께서 해진 옷 속에서 큰돈을 꺼내 주실 때 눈물이 났습니다. 프랑스 조계에서 한 발짝도 벗어나지 못하는 선생님께서는, 제가 이 돈을 마음대로 쓰고 도망을 가 버려도 어쩔 수 없으시겠지요. 제 일생에 이런 신임을 받은 것은 선생님이 처음이요 마지막입니다."

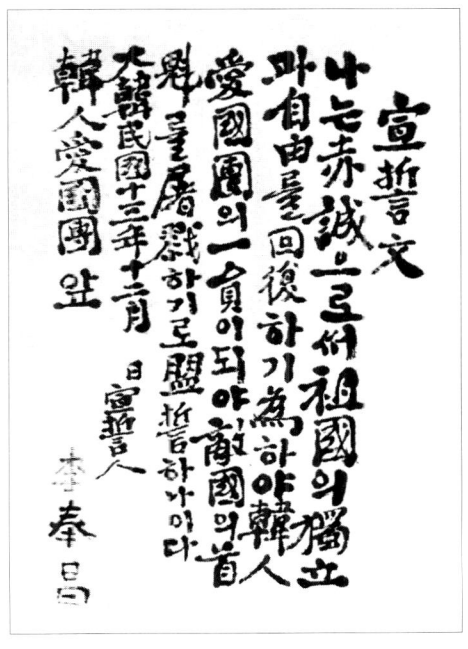

이봉창 의사가 직접 쓴 한인애국단 선서문

이봉창은 '조국의 독립과 자유를 위해 적국의 원수를 죽이겠다'는 '한인애국단'의 선서문에 서명을 하였습니다. 백범과 이봉창은 사진관으로 갔습니다. 이봉창이 사진기 앞에 섰습니다. 태극기를 배경으로 선 이봉창이 해맑게 웃었습니다. 젊은이를 죽을 자리에 보내는 백범의 얼굴에 슬픔이 번졌습니다.

"저는 영원한 즐거움을 얻기 위해 떠나는 것이니, 선생님도 기쁜 얼굴로 저와 함께 사진을 찍으십시다."

이봉창이 씩씩하게 말했습니다. 백범은 미소를 지어 보려 애를 썼습니다. 번쩍 하는 조명과 함께 사진이 찍혔습니다. 억지로 미소를 지어 보이려던 백범의 얼굴에는 끝 모를 슬픔과 아픔만이 얼룩졌습니다.

1932년 1월 8일. 새해를 맞아 군대를 사열(부대의 훈련 정도나 장비 유지 상태를 검열하는 일)하고 돌아오던 일본 천황 히로히토의 행렬에 이봉창이 폭탄을 던졌습니다. 폭탄의 성능이 좋지 않아서 일본 천황을 죽이지는 못했지만, 이봉창의 폭탄 투척은 엄청난 파문을 몰고 왔습니다.

일본 천황은, 일본 사람 전체가 신줏단지 모시듯하는 일본 정신의 상징입니다. 바로 그 천황에게 이봉창은 혈혈단신의 몸으로 폭탄을 던진 것입니다. 비록 천황을 죽이지는 못했지만, 그것은 일본의 심장부에서 대한 사람 단 하나가, 침략 행위에 미쳐 날뛰는 일본의 정신을 정통으로 겨눈 장하고도 장한 일이었습니다.

일본 경찰과 군인들이 천황 경호에 대한 책임을 지고 줄줄이 징계를 받고, 내각(국가의 행정권을 담당하는 최고 합의 기관)이 총사퇴했습니다.

중국 신문 민국일보는 '한국인이 일황을 저격하였으나, 불행히도 명중하지 않았다.'고 크게 보도하였습니다. 그 표현을 문제 삼아 일본 군인과 경찰이 신문사를 부수는 난동을 부렸습니다. 하지만 중국의 다른 신문들도 일제히 '불행히도 명중하지 않았다.'는 표현을 썼습니다.

하지만 국내의 친일파들은 '불량한 한국인이 천황에게 폭탄을 던진 것'에 대해 깊이 반성한다면서 천황 궁성 앞에서 사죄의 절을 올리는 추태를 부렸습니다.

이봉창은 현장에서 체포되었습니다. 이봉창은 '나는 너희의 왕을 상대하는 사람이거늘 감히 너희들이 나에게 무례하게 구느냐?'며 호통을 쳤을 뿐, 다른 질문에는 한마디도 답하지 않았습니다.

일본 법원은 방청인도 없이 저희들끼리 재판을 하여, 사형을 구형하고는 1932년 10월 10일 이치가야 형무소에서 이봉창을 교수형에 처했습니다.

이봉창의 나이 서른둘이었습니다.

아름다운 청년, 윤봉길

이봉창 의거 후, 백범과 임시정부에는 많은 변화가 생겼습니다.

하나는 해외 동포들의 격려가 늘었다는 것입니다. 금전적인 지원도 이어졌습니다. 또 하나는 애국심에 불타는 청년들이 임시정부를 찾아오기 시작한 것입니다. 청년들은 백범을 찾아와 자기도 이봉창과 같이 나라를 위해 몸을 바치게 해 달라고 간청하였습니다.

"제가 날마다 채소 바구니를 등에 메고 다니는 것은 큰 뜻이 있어서입니다. 선생님께서 저를 지도하여 주시기 바랍니다."

그즈음 윤봉길이 백범을 찾아와 말했습니다. 백범은 윤봉길을 보면서, 그 옛날 스승 고능선에게 인생의 가르침을 받고자 하던 자신의 모습이 떠올랐습니다. 윤봉길이 그때의 자신이고, 백범은 그때의 고능선이 된 것 같은 느낌이었습니다.

윤봉길은 1908년 충청남도 예산에서 태어났어. 어려서부터 총명하였고, 특히 시 쓰기에 남다른 재주를 보였다고 해. 덕산 보통학교를 다니다가 일본말로 공부하는 것이 싫어 스스로 학교를 그만두고, 집에서 한문 공부를 했단다. ◎ 윤봉길은 농민을 교육하고 농촌을 살리는 것이 독립의 출발이라고 생각하고, 교육 운동과 농촌 부흥 운동에 뛰어들었지만, 일제의 지배 아래서는 제대로 된 농촌 운동을 할 수 없다는 것을 깨닫게 되었어. 나라의 독립이 있고서야 농촌도 살 수 있다는 것을 알게 된 거야. ◎ 1930년 윤봉길은 '사나이가 집을 떠나면 살아서는 돌아오지 않는다(丈夫出家生不還)'는 글을 남기고 고향을 떠나, 임시정부가 있는 상하이로 왔어.

백범은 윤봉길에게서 교육 운동에 힘쓰던 자신의 젊은 시절을 보았습니다. 시원시원하던 이봉창과 달리, 윤봉길은 천생 선비였습니다. 하지만 그 둘의 속마음만은 같았습니다. 큰 뜻을 품고 있었지만, 겉으로 드러내지

백범과 기념사진을 찍은 윤봉길(1908~1932)

않았습니다. 그 뜻은 굳고도 엄숙한 것이었습니다. 둘 다 백범처럼 외롭고 고독했습니다.

백범은 스승 고능선을 떠올리면서 윤봉길에게 말했습니다.

"뜻을 품으면 마침내 일을 이룰 수 있다고 하니, 윤 군은 크게 낙심 마시오. 내가 요사이 계획하는 일이 있으나, 마땅한 사람을 찾지 못해 고민하고 있던 참이었소. 윤 군을 보니 내가 그 사람을 찾은 듯하오."

백범을 찾아온 윤봉길은 나라를 위한 큰 뜻을 품고 있었습니다.

백범은 이어서 말했습니다.

"일본 천황의 생일인 4월 29일, 홍커우 공원에서 성대한 축하식을 연다고 하오. 이날, 큰 목적을 이뤄 봄이 어떻겠소?"

"그 말씀을 들으니, 가슴에 괴로움이 모두 사라지고 마음이 편안해집니다. 선생님 계획대로 준비해 주십시오."

윤봉길은 담담하게 대답하고는 자기 숙소로 돌아갔습니다. 백범이 스승으로부터 '가지를 잡고 나무에 오르는 것은 대단한 일이 아니지만, 벼랑에 매달려 잡은 손을 놓을 수 있다면 대장부로다.'라는 글귀를 얻었을 때처럼 씩씩하고 당당한 걸음걸이였습니다.

'4월 29일 홍커우 공원에서 축하식을 거행하니, 참석할 사람은 물병과 도시락, 일장기를 준비하여 입장하라.'는 공고가 신문에 났습니다.

백범은 이봉창 의거 때 폭탄을 구해 주었던 중국 사람들을 찾아가, 도시락과 물통 모양의 폭탄을 제조해 줄 것을 부탁했습니다. 그 중국인들은 이봉창 의거 때 폭탄의 성능이 좋지 못해 일본 천황을 죽이지 못한 것을 한탄스럽게 생각하면서, 백범이 요구한 폭탄을 정성을 다해 만들었습니다.

땅굴을 파고 성능 실험까지 마쳤습니다. 폭탄의 위력은 간족스러웠습니다.

운명의 날은 점차 다가오고 있었습니다. 윤봉길은 말쑥한 양복 차림으로 날마다 홍커우 공원에 가서 축하식이 벌어질 곳의 상황을 살폈습니다. 일본군의 경비 상태, 단상의 위치 등을 꼼꼼히 확인했습니다. 자기가 서 있을 자리도 미리 봐 두었습니다.

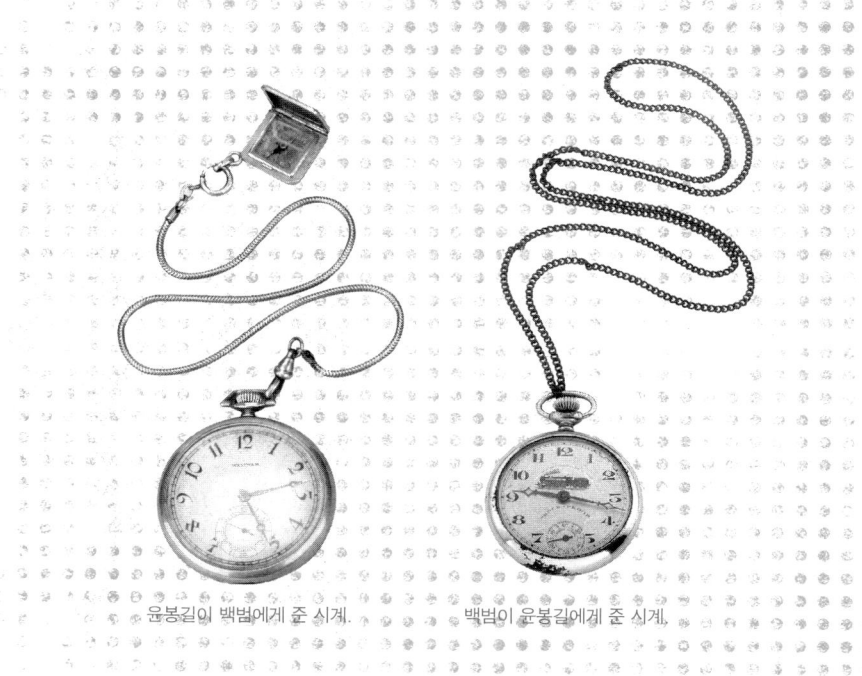

윤봉길이 백범에게 준 시계.   백범이 윤봉길에게 준 시계.

　4월 29일 아침, 백범은 윤봉길과 아침밥을 함께 먹었습니다. 백범과 윤봉길이 살아서 함께 먹는 마지막 밥이었습니다. 백범은 코끝이 시큰하고 목이 메여 와 몇 숟갈 뜨다 말고, 마주 앉은 윤봉길을 하염없이 바라보았습니다. 윤봉길은 백범의 그런 눈길을 아는지 모르는지, 아침밥을 먹고 일하러 가는 농부처럼 태연하고 평화롭게 듬뿍듬뿍 밥을 떠 입으로 가져갔습니다. 윤봉길은 평생에 쓸 힘을 오늘 다 쓸 요량인지 든든하게 아침을 챙겨 먹었습니다.

아침 7시를 알리는 시계 종소리가 들렸습니다.

"선생님, 제 시계는 어제 6원을 주고 산 것인데, 선생님의 시계는 2원짜리입니다. 저에게 시계는 이제 한 시간밖에 필요가 없습니다."

윤봉길은 자신의 시계와 백범의 시계를 맞바꾸자고 말하였습니다. 백범과 윤봉길은 시계를 맞바꿨습니다. 쉰일곱의 백범과 스물다섯의 윤봉길은 그렇게 서로의 마음을 나누었습니다.

윤봉길은 홍커우 공원으로 가기 위해 자동차에 오르면서, 가지고 있던 돈을 모두 꺼내 백범에게 주었습니다.

"돈이 있는 것이 무슨 방해가 되겠소?"

백범이 눈물을 참으며 말했습니다.

"아닙니다. 차비를 주고도 돈이 많이 남습니다."

그러는 사이 자동차는 서서히 움직였습니다.

백범은 목 메인 소리로 작별을 고했습니다.

"후일 지하에서 만납시다."

이미 여러 차례 홍커우 공원을 살펴본 윤봉길이었습니다. 마음속으로는 벌써 몇 번이나 폭탄을 던진 터였습니다.

태연히 군중 사이로 들어갔습니다. 서서히 미리 보아 두었던 자리로 갔습니다. 차분히 때를 기다렸습니다. 죄 없는 다른 사람이 다치는 일이 없도록 정확히 단상에 폭탄을 던져야 했습니다. 부슬부슬 내리던 빗줄기가 점점 굵어졌습니다.

　　일본 국가의 합창이 끝날 무렵이었습니다. 윤봉길은 천천히 단상을 향해 걸어갔습니다. 잠시 후, 폭발음과 함께 불꽃이 일었습니다.

　　오후 두세 시쯤, 거리에 호외(특별한 일이 있을 때 임시로 발행하는 신문이나 잡지)가 뿌려졌습니다.

　　홍커우 공원 축하식에서 폭탄 폭발.
　　가와바다 상하이 일본 민단장 즉사.
　　시라카와 대장, 시게미쓰 대사, 우에다 중장, 노무라 중장 등 중상.

윤봉길은 현장에서 체포되었습니다. 1932년 5월 상하이 군법 재판소가 사형을 결정하였습니다. 같은 해 12월 19일 일본에서 총살형을 당했습니다. 스물다섯, 꽃다운 나이였습니다.

강보에 싸인 두 병정에게
너희도 만일 피가 있고 뼈가 있다면
반드시 조선을 위하여 용감한 투사가 되어라.
태극의 깃발을 높이 드날리고
나의 빈 무덤 앞에 찾아와 한잔 술을 부어 놓으라.

윤봉길이 조국을 위해 목숨을 내놓기로 마음먹고, 어린 두 아들에게 남긴 글입니다.

피신과 유랑 속에서

윤봉길 의거 이후, 일본은 상하이 프랑스 조계를 수색하여 우리나라 사람이면 무조건 잡아갔습니다.

프랑스 조계는 프랑스 법이 적용되는 곳이어서, 일본 군인이나 경찰이 마음대로 들어오거나 사람들을 잡아갈 수 없는 곳이었습니다. 하지만 윤봉길 의거는 워낙 중대한 사건이었습니다. 관련 있는 사람을 잡아갈 수 있도록 해 달라는 일본의 요구를 프랑스도 거절할 도리가 없었습니다.

백범은 평소 한국 독립운동가들의 편에 섰던 미국인의 집에 잠시 몸을 숨겼습니다. 그러는 사이 일본 경찰과 군인들은 미친개처럼 조계 안을 날뛰었습니다. 아무 죄도 없는 동포들이 수없이 잡혀갔습니다.

백범은 로이터 통신(전 세계에 통신망을 가지고 있는 국제적인 통신사)을 통해 성명서(어떤 단체나 그 책임자가 의견을 발표하는 글)를 발표했습니다. 이 일은 모두 자신이 계획하고, 이봉창과 윤봉길이 실행에 옮긴 것이라고 전 세계에 알렸습니다. 더 이상 동포들이 수난을 당하지 않도록 하기 위해서였습니다.

이 소식이 알려지자 중국인들은, 중국을 침략한 일본에 대한 복수를 우리나라 사람들이 대신해 주었다며 고마워했습니다. 중국 국민당 대표인 장제스는 '중국의 30만 대군도 못한 일을 조선의 한 청년이 하다니 정말 훌륭하다'면서, 임시정부를 돕겠다고 하였습니다.

일본은 이봉창 의거 후 백범에게 현상금 20만 원을 걸었습니다. 연이어 윤봉길 의거가 있자 현상금을 60만 원으로 올렸습니다. 이것은 지금 돈으로 200억 원이 넘는 어마어마한 액수입니다.

현상금에 눈이 먼 자들이 백범을 노리고 있었습니다. 어느 날, 각국의 스파이들이 백범이 숨어 있는 곳을 찾아냈습니다. 급히 피신을 해야만 했습니다. 그대로 나갔다가는 잡힐 것 같아, 백범은 서양 사람처럼 변장을 한 뒤 자동차를 타고 그곳을 빠져나왔습니다.

백범은 그 길로 자싱으로 가는 기차에 몸을 실었습니다. 1932년 5월이었습니다.

자싱에는 임시정부에서 함께 일하던 사람들이 이미 와 있었습니다. 백범은 그곳에서 중국 광저우 사람 행세를 했습니다.

자싱까지 피신을 했지만, 그곳에서도 백범은 자유롭게 다닐 수 없었습니다. 당시 일본은 중국에서 침략의 범위를 넓혀 가는 중이었습니다. 자싱에도 일본 경찰이 수시로 돌아다녀 더 이상 안전하지 못했습니다.

언어 문제로 광저우 사람 행세하기가 어려웠습니다. 그러다 보니 행동도 자유롭지 못했습니다. 중국은 각 지방의 사투리 차이가 심해서, 다른 사투리를 쓰는 사람끼리 만나면 서로 의사소통을 못할 정도입니다. 백범은 상하이 말은 어느 정도 할 수 있지만, 광저우 말은 전혀 몰랐기 때문에 벙어리나 다름없었습니다.

이때부터 백범과 임시정부는 때로는 같이 때로는 따로따로 피신을 해야만 했습니다.

이 무렵, 함께 임시정부 일을 하던 박찬익·안공근·엄항섭 등은 위험을 무릅쓰고 여러 지역을 다니며 독립운동을 펼쳐 나갔습니다.

윤봉길 의거 후, 장제스가 백범을 만나고 싶다는 연락을 해 왔습니다. 백범은 안공근, 엄항섭과 함께 중국 국민당 정부가 있는 난징으로 갔습니다.

장제스는 부드러운 미소로 백범을 맞았습니다. 백범과 장제스는 단 두 사람만의 비밀 회담을 가졌습니다. 말이 통하지 않아, 글로 서로의 생각을 주고받았습니다.

장제스(蔣介石, 1887~1975)는 젊은 시절, 중국 건국의 아버지 쑨원의 신임을 얻어 중국 정치계에 화려하게 등장했단다. 그는 중국 민족주의 계열을 이끌었어. 1945년 항일 전쟁에서 승리한 뒤 충칭에서 마오쩌둥의 공산당과 평화조약을 맺었지만, 얼마 후 국민당과 공산당 사이의 내전에서 패배하여 타이완으로 쫓겨 갔단다.

회담은 성공적이었습니다. 중국 국민당 정부는 중국 육군군관학교 분교에서 우리나라 군인을 양성할 수 있도록 허락해 주었습니다. 중국 뤄양(낙양)에 있는 '낙양군관학교'였습니다.

소식을 들은 동포 청년들이 모여들었습니다. 뜻대로 된다면 임시정부도 얼마 안 가 일본에 맞설 당당한 군대를 가질 수 있는 것입니다. 백범과 임시정부 사람들은 기대에 들떴습니다.

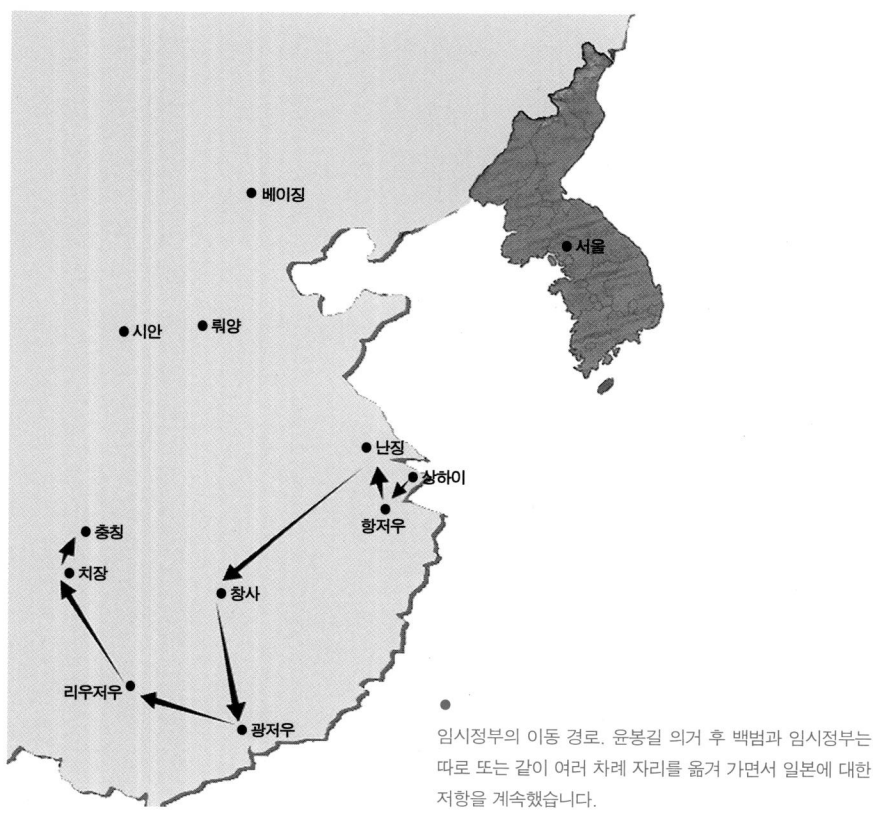

임시정부의 이동 경로. 윤봉길 의거 후 백범과 임시정부는 따로 또는 같이 여러 차례 자리를 옮겨 가면서 일본에 대한 저항을 계속했습니다.

얼마 되지 않아 일본이 이 일을 알게 되었습니다. 일본은 중국 책임자에게 사람을 보내 중국 군관학교에서 한국 청년에게 군사 훈련을 시키는 것에 대해 강력하게 항의하였습니다. 일본과의 분쟁을 원치 않던 중국은 맥없이 물러섰습니다.

결국 낙양군관학교는 1회 졸업생만을 배출한 채 문을 닫아야 했습니다. 늘 그랬듯이 행복은 너무나 짧게 백범의 곁을 스쳐 지나갔습니다. 1935년 봄, 백범의 나이 어느덧 예순이었습니다. 고국을 떠난 지 열여섯 해째였습니다.

대한의 어머니, 곽낙원

어머니가 인, 신 두 아들을 데리고 중국으로 오셨습니다. 낙양군관학교 시절이었습니다.

임시정부의 형편이 너무나 좋지 않아, 먹는 입이나마 줄여 보자고 고국으로 돌아가셨던 어머니였습니다. 이봉창, 윤봉길 의거가 일어나자 일본 경찰은 백범의 고향 집에 대한 감시를 강화하였습니다. 걸핏하면 어머니와 아이들을 찾아와 못살게 군다는 소식을 들은 백범은 어머니에게 몰래 편지를 보냈습니다.

'어머님께서 아이들을 데리고 다시 중국으로 오셔도, 전과 같이 굶지는 않을 것입니다. 나올 수 있으면 나오십시오.'

어머니는 죽기 전에 손자들을 제 아비에게 맡기겠다며 안악경찰서에 당당하게 출국하겠다는 뜻을 밝혔습니다. 일본 경찰들은 중국에 가도 백범을 찾기 어렵다는 이유를 들어 출국을 허락하지 않았습니다.

어머니는 목수를 불러 집을 수리하고 살림살이를 새로 장만하였습니다. 출국할 뜻이 없다는 걸 보여, 일본 경찰을 속이기 위해서였습니다. 그리고 몇 달 뒤, 다른 지역에 사는 친척 병문안을 간다는 핑계를 대고 집을 빠져나왔습니다.

어려운 형편 때문에 헤어졌던 백범과 가족들은 10년 만에 다시 만날 수 있었습니다(왼쪽부터 시계 방향으로 큰아들 인, 백범, 작은아들 신, 어머니 곽낙원).

그 길로 신천, 평양, 안둥, 상하이를 거쳐 마침내 자싱에 도착했습니다. 당시 난징에 있던 백범은 소식을 듣고 자싱으로 가서 어머니를 뵈었습니다. 어머니의 첫마디는 이러했습니다.

"나는 지금부터 '너'라는 말을 고쳐 '자네'라 하고, 잘못하는 일이 있더라도 말로 꾸짖고 회초리를 쓰지 않겠네. 듣건대 자네가 군관학교에서 여러 청년을 거느리고 남의 사표(학식과 덕행이 높아 남의 모범이 될 만한 인물)가 된 모양이니, 나도 체면을 세워 주자는 것일세."

거의 10년 만의 만남이었습니다.

백범은 어머니, 아들 둘과 함께 난징으로 왔습니다. 큰아들 인은 바로 군관학교에 들어가 독립운동을 시작하였습니다. 그의 나이 열일곱이었습니다.

얼마 뒤 어머니의 생신이 돌아왔습니다. 군관학교 청년들이 조금씩 돈을 모아 생신잔치를 준비하고 있었습니다. 이를 알아챈 어머니가 당신 입맛대로 음식을 만들어 먹겠다며 그 돈을 달라고 하였습니다.

생일날, 어머니는 그 돈에 얼마를 더 보태어 권총 두 자루를 사오셨습니다. 그러고는 이렇게 말했습니다.

"자네들이 준 돈으로 샀다네. 나라 잃은 처지에 목숨을 부지하는 것도 다행인데, 어찌 생일상을 받을 수 있겠나? 이 총으로 하루빨리 독립을 이루어 주시게."

작은 몸집에서 나오는 나지막한 목소리였습니다. 하지만 그 말에는 누구보다 큰 뜻과 뜨거운 열망이 담겨 있었습니다. 그 자리에 있던 사람들 모두 눈시울이 붉어졌습니다. 저도 모르게 주먹이 꽉 쥐어졌습니다.

중일전쟁이 일어나자, 중국 정부와 우리나라 임시정부가 있던 난징도 점차 위험해졌습니다. 중국은 충칭을 임시 수도로 정하고, 정부

기관을 모두 옮겼습니다.

1937년 7월 7일, 베이징 근처 '루거우차오(노구교)'에서 일본군과 중국군 사이의 충돌을 계기로 일어난 전쟁을 중일전쟁이라고 해. 일본은 전쟁 기간 동안, 베이징과 톈진을 점령하고 중국 정부가 있던 난징에서 30만 명이 넘는 중국인을 학살하였단다.

우리나라 임시정부도 우선 창사로 옮기기로 하였습니다. 창사는 물가가 싸고, 홍콩과 가까운 편이라 해외 동포들과 연락하기가 수월했

1937년 12월부터 1938년 1월 사이에 일본군은 난징에서 30만 명이 넘는 중국인을 학살했습니다.

기 때문입니다. 중국 정부의 도움을 받아 100여 명의 대가족이 무사히 창사에 도착하였습니다.

창사에 도착하고 나서부터 백범은, 중국인 행세를 그만두고 거리낌 없이 '백범 김구'로 살았습니다. 난징과 멀리 떨어진 창사까지 일본 첩자가 오지 못할 거라 생각했기 때문이었습니다.

백범은 창사에서, 여러 갈래로 흩어져 있던 독립운동 단체들을 하나로 통합하는 데 힘썼습니다.

> 당시 우리나라 독립운동은 크게 공산주의 계열과 민족주의 계열로 나뉘어 있었어. 공산주의 계열 안에서도 여러 갈래가 있었고, 민족주의 계열도 백범을 중심으로 한 '한국국민당', 조소앙이 중심이 된 '한국독립당', 이청천을 중심으로 모인 '조선혁명당'으로 나뉜 상태였어.

백범은 우선 민족주의 계열만이라도 단합해야 한다고 주장하였습니다. 세 정당의 지도자들도 백범의 뜻에 동감하면서 한자리에 모였습니다. 그런데 그 자리에 이운환이라는 사람이 뛰어들어 총을 마구 쏘았습니다. 백범이 제일 먼저 쓰러졌습니다. 뒤이어 여러 독립운동가들이 그의 총에 쓰러졌습니다.

> 이운환이 왜 그 자리에서 총을 쏘았는지, 정확히 알려지지는 않았단다. 다만 우리나라 독립운동 단체가 통합하는 것을 달가워하지 않았던 일본이 이운환을 매수해서 일을 꾸민 것이 아닐까 짐작할 따름이야.

> 백범의 붓글씨는 약간 꼬불꼬불한 것이 특징인데, 그건 바로 이때 맞은 총알 하나가 몸속에 그대로 남아 있어서 손이 조금씩 떨리기 때문이란다.

백범을 진찰한 의사는 고개를 가로저었습니다. 심장 근처에 총을 맞아 가망이 없다는 것이었습니다. 모두가 이대로 끝이구나 생각하고 임종(죽음을 맞이함)을 준비하였습니다. 백범이 죽었다는 소식에 큰아들 인이 얼굴이 허옇게 되어 달려왔을 정도로 심각한 상태였습니다. 그런데 네 시간이 지나도 백범은 숨이 끊어지지 않았습니다.

의사도 믿기 어려운 끈질긴 생명력이었습니다. 의사는 이런 의지를 가진 사람이면 살릴 수도 있다는 믿음을 가지게 되었습니다. 총을 맞은 지 네 시간 만에 백범은 치료를 받을 수 있었습니다. 한 달 동안 입원 치료를 받고 백범은 기적적으로 살아났습니다.

퇴원 후, 백범은 어머니를 찾아뵈었습니다. 어머니가 걱정하실까 염려하여, 주변 사람들이 어머니에게는 비밀로 하다가 백범이 퇴원할 무렵에야 소식을 알린 것입니다.

어머니는 저승 문턱까지 다녀온 아들을 보고도 조금도 흔들리지 않았습니다.

"자네 목숨은 하늘에서 보호하시네. 악한 기운은 옳은 기운을 이기지 못하기 때문이네. 하지만 총을 쏜 사람이 우리나라 사람이라고 하니, 부끄럽게 생각할 일이네. 우리나라 사람이 쏜 총을 맞고 산 것은 왜놈의 총에 죽은 것만 못하네."

창사에도 일본군의 폭격이 심해졌습니다. 임시정부는 광저우를 거쳐 리우저우에 자리를 잡았습니다. 백범을 비롯한 몇몇 사람만이 중국 정부가 있는 충칭에 머무르고 있었습니다.

어머니와 두 아들이 리우저우에서 충칭으로 백범을 찾아왔습니다.

"할머니가 병이 나셨는데, 충칭에 가겠다고 하셔서 신이와 제가 모시고 왔습니다."

큰아들 인이 말했습니다.

어머니의 병은 인후염으로 중국 광시 지방의 풍토병이었습니다. 인후염은 목구멍에 염증이 생기는 병으로, 심하면 목소리도 나오지 않고 음식을 삼킬 수도 없습니다. 의사는 나이가 젊거나 병세가 약하면 수술을 하여 치료할 수 있지만, 어머니는 이미 여든을 넘긴 노인인 데다가 상태가 심해 손쓸 방법이 없다고 하였습니다.

어머니도 자신의 병세를 짐작하고 아들이 있는 곳에서 눈을 감으려 하신 것입니다.

늙고 병든 어머니는 너무나 작아 보였습니다. 평생 고생만 하신 분이었습니다. 어린 나이에 시집와서 남편의 병을 고치기 위해 전국을 거지꼴로 돌아다녔던 어머니였습니다. 아들 걱정에 단 하루도 편한 잠을 못 주무신 어머니였습니다. 일찍 세상을 떠난 며느리를 대신하여 손자들을 키운 어머니였습니다. 손자들은 자라면서 '할머니'라는 말만 알았을 뿐, '어머니'라는 말은 몰랐습니다.

어머니는 평생 아들을 위해 밥을 지었습니다. 감옥에 갇힌 아들을 먹이려고 온갖 일을 마다하지 않았습니다. 밥을 얻어 감옥에 있는 아들을 먹였습니다. 거지처럼 살던 상하이 시절, 중국인들이 버린 채소 더미 속에서 먹을 만한 것을 골라 굶주린 아들의 배를 채워 주었습니다. 그 밥을 먹고 백범은 일본에 당당히 맞섰습니다. 그 밥이 외롭고 고통스런 나날들을 버티게 해 주었습니다.

백범은 훗날 고국으로 돌아와, 자신을 위해 밥을 얻어먹이던 어머니의 가장 초라했던 모습을 동상으로 만들었단다. 그 동상을 가까이 두고, 어려웠던 시절을 버티게 해 준 어머니의 은혜와 힘겨웠던 시절에 품은 마음을 잊지 않으려고 했던 거야.

백범은 어머니를 위해 날마다 정성스레 진지를 지어 올리고 싶었습니다. 지금까지 어머니를 위해 제 손으로 차려 드린 밥상이 단 한 번도 없었다는 것을 깨달았기 때문입니다. 평생 아들을 위해 밥을 마련하신 그 은혜를 조금이라도 갚고 싶었습니다. 하지만 어거니는 지금 아무것도 삼킬 수가 없습니다.

바가지에 밥을 얻어 감옥에 있는
아들 김구에게 가는 어머니 모습의 동상

아무것도 할 수 없는 백범의 속이 새까맣게 타들어 갔습니다. 점점 병세가 심해지는 어머니의 얼굴빛도 새까맣게 변해 갔습니다.

어머니는 결국 낯선 충칭 땅에서 숨을 거두었습니다.

"어서 독립을 이루도록 노력하고, 뜻을 이루어 귀국할 때 나의 유골과 인이 어미의 유골까지 가지고 돌아가 고향에 묻어 다오."

어머니는 아픈 목 때문에 마지막 말을 남기는 것도 힘겨워하였습니다. 백범의 가슴 깊은 곳에서부터 피맺힌 슬픔이 북받쳐 올랐습니다. 예순네 살의 백범은 어린아이처럼 한없이 울었습니다. 1939년 4월 26일이었습니다.

가슴에 태극기를 단 젊은이들

어머니의 장례를 마친 백범은 다시 분열된 독립운동 단체들의 통합에 나섰습니다.

민족주의 계열의 정당과 공산주의 계열의 정당까지 모두 7개 정당의 대표가 중국 치장에 모였습니다. 백범의 목표는 7개 정당의 완전한 통합이었습니다. 크게 한 덩어리가 되어야만 큰 힘을 발휘할 수 있기 때문이었습니다.

총에 맞은 상처가 다 아물지도 않았는데, 백범은 백방으로 노력하였습니다. 그러나 완전한 통합은 이루어지지 않았습니다. 민족주의 계열의 3개 정당만이 한국독립당으로 통합을 이루었습니다.

1940년 9월 임시정부가 충칭에 도착하였습니다. 100여 명의 대가족은 충칭 근처 투차오 마을에 머물게 되었습니다.

일본의 침략에 시달리던 중국도 힘이 다한 듯, 임시정부에 대한 원

광복군 창립 기념 사진. 임시정부는 오랜 준비 끝에 드디어 군대를 가질 수 있게 되었습니다.

조도 뜸해졌을 때입니다.

백범은 중국 정부의 높은 관리를 만났습니다. 지금 중국은 일본과 전쟁을 치르는 것만도 힘겨운 형편이라 임시정부를 도와 달라고 하기가 너무 미안하니, 미국으로 가서 독립운동을 할 수 있도록 비자를 내어 달라고 말했습니다.

백범의 강한 의지는 중국 관리의 마음을 움직였습니다. 그는 독립운동 계획을 자세히 알려 주면, 바로 장제스에게 보고하여 도움을 받을 수 있도록 해 주겠다고 약속했습니다.

백범은 '한국광복군 조직 계획안'을 만들었습니다. 중국 땅에서 한국 군대를 만들어 일본과 싸우겠다는 계획이었습니다. 장제스도 광복군 창설을 돕겠다는 뜻을 밝혔습니다.

1940년 9월 17일 충칭에서 광복군 창립 기념식이 거행되었습니다. 우리나라 임시정부도 드디어 군대를 가질 수 있게 된 것입니다. 중국의 높은 관리들은 물론, 유럽의 외교관들과 외신(해외 통신) 기자들까지도 많이 참석하여, 광복군 창립 소식은 세계 여러 나라에 알려지게 되었습니다.

1941년 12월 8일, 일본은 하와이 진주만에 있는 미군 기지를 기습 공격하였습니다. 이 진주만 공습이 결국 미국과 일본 간의 전쟁인 '태평양 전쟁'으로 번집니다.

> 이때, 이미 유럽에서는 영국 대 독일, 독일 대 러시아의 전쟁이 벌어지고 있었어. 아시아와 태평양에서도 중국 대 일본, 미국 대 일본의 전쟁이 벌어지면서, 세계는 영국·러시아·프랑스·중국·미국을 중심으로 하는 연합국과 독일·이탈리아·일본을 중심으로 하는 추축국으로 갈려 하나의 큰 전쟁판이 짜여졌지. 이 전쟁을 '제2차 세계대전'이라고 해.

백범은 이러한 시점에 임시정부가 연합국으로부터 대한민국의 정부로 인정받아야 한다고 생각했습니다. 그래야 광복군도 연합국 군대와 어깨를 나란히 하여 일본과 싸울 수 있게 되고, 그것은 곧 우리의 힘으로 우리나라를 되찾는 것을 뜻하기 때문입니다.

임시정부는 일본이 진주만을 습격한 이틀 뒤인 1941년 12월 10일, 일본에 대한 선전포고를 합니다.

> 대한민국은 자유를 사랑하는 여러 나라와 힘을 합쳐 일본제국주의의 침략을 물리칠 것이다.

백범은 임시정부가 대한민국의 정부라는 것을 연합국들에게 승인받기 위해 백방으로 노력하였지만, 쉽지 않았습니다. 믿었던 중국마저도 임시정부를 승인하는 일에 뜸을 들였습니다. 자연히 광복군에 대한 관심과 지원도 시들해졌습니다.

1945년 1월 31일, 한 무리의 젊은이들이 가슴에 태극기를 붙이고 애국가를 부르며 충칭 임시정부 청사로 들어섰습니다. 장준하, 김준엽 등이 중심이 된 이 청년들은 일본군에 학병(일제강점기에 일본군에게 강제로 징집되어

제2차 세계대전에 참전하게 된 한국의 학생들)으로 끌려갔다가 탈출하여, 오로지 우리나라 광복군이 되겠다는 일념으로 온갖 고초를 겪으면서 이 머나먼 충칭 땅까지 걸어온 것입니다.

이들은 한결같이 일본군의 총알받이로 개죽음을 당하느니, 임시정부를 찾아가서 독립 전쟁을 하다가 영광스럽게 죽고 싶어 이곳까지 왔다고 말했습니다.

이 일로 임시정부와 광복군은 활기를 띠게 되었습니다. 중국은 물론, 세계적인 통신사의 기자들과 여러 나라의 대사관에서도 이 소식을 듣고 한국인의 애국심에 감동하였습니다.

특히 미국은 우리나라 사정에 밝은 광복군을 국내에 침투시키면

일본에게 큰 타격을 줄 수 있다고 생각했습니다. 미국은 임시정부와 연합 작전을 펴기로 약속하고, 중국 시안에서 광복군에게 비밀 침투 훈련을 시켰습니다.

중국도 포로수용소에 갇혀 있던 일본군 소속 한국인들을 석방하였습니다. 석방된 한국인들은 광복군에 들어왔습니다. 비밀 훈련에서 우리나라 청년들은 폭파, 사격, 정찰(적의 형편이나 지형을 살피는 일) 등 모든 분야에서 뛰어난 능력을 보였습니다. 광복군은 차츰 믿음직한 군대가 되었습니다.

큰아들 인이 폐병을 얻었습니다. 페니실린 주사를 맞으면 나을 수 있었습니다. 폐병을 앓는 사람은 워낙 많고 페니실린은 부족했습니다. 며느리 안미생은 백범에게 '남편이 페니실린을 맞을 수 있도록 해 달라'고 부탁하였습니다.

"같은 병을 앓고 있는 백발의 동지들에게도 못해 주는 일을, 내 아들이라고 해서 특별하게 할 수는 없다."

백범의 대답이었습니다.

 충칭은 공기가 매우 탁하고 습하기로 유명한 지역이야. 이런 곳에서 6~7년 정도 생활하다 보니, 임시정부 식구들 중에는 병을 앓는 사람이 많이 생겼지. 공기 때문에 주로 폐병이 많았어. 당시 충칭에 살던 한국인 300~400명 중에 70~80명이 폐병으로 목숨을 잃을 정도였단다.

큰아들 인은 결국 스물여덟 나이에 세상을 떠났습니다. 많은 사람이 안타까워했습니다. 독립운동에 큰 도움이 될 능력 있는 젊은이가 꽃다운 나이에 허망하게 숨을 거두었기 때문입니다.
그가 남긴 시 한 구절이 그의 열정과 애국심을 짐작하게 합니다.

우리는 반역자!
현실과 타협을 거절하는 무리외다.
우리는 혁명자!
정의를 우리의 목숨보다 더 사랑하는 사람이외다.
그리고 우리는 선구자!
선구자인 까닭에 어느 때 어느 곳에서든지
죽음이 기다리고 있는 것을 압니다.

4 통일의 길

감격의 귀국, 남겨진 슬픔

　1945년 8월 8일, 백범은 광복군 총사령관 이청천, 선전부장 엄항섭 등과 함께 광복군이 훈련하고 있던 중국 시안으로 갔습니다. 그곳에서 미군 책임자와 만나 광복군의 국내 진입을 포함한 두 나라 공동 작전에 대하여 합의하였습니다.

　우리나라를 우리 손으로 되찾는다는 희망으로 광복군의 사기는 하늘을 찌를 듯하였습니다. 진입 작전을 앞둔 백범은 만감이 교차하였습니다. 임시정부를 끌어안고 버텨 왔던 길고 긴 고난의 시간들이 필름처럼 눈앞을 지나갔습니다. 이봉창, 윤봉길과의 마지막 작별이 새삼 가슴을 저며 왔습니다. 먼 이국 땅에서 고생만 하다가 먼저 세상을 등진 임시정부 동지들도 떠올랐습니다. 그리고 아내, 어머니, 큰아들 인의 죽음…….

백범은 그날 저녁 붓을 들어 이순신의 '진중음(陣中吟)'이란 시를 적었습니다.

바다에 서약하니 물고기와 용이 움직이고 (誓海魚龍動)
산에 맹세하니 풀과 나무도 알더라 (盟山草木知)

단 열두 척의 배를 가지고 수백 척 왜구의 공격에 맞서 명량해협에서 기적 같은 승리를 거둔 이순신은 전투를 앞두고 이 시를 썼습니다. 명량해전은 누가 보더라도 무모한 도전이었습니다. 하지만 이순신은 나라를 지키려는 뜨거운 마음이 바다와 산을 감동시킬 정도가 된다면 이길 수 있다고 믿었습니다. 당시 우리 수군의 불타는 애국심은 결국 울돌목의 물결을 잠 깨웠습니다. 성난 물결은 수백 척의 왜구를 모조리 집어삼켰습니다.

비록 패망을 눈앞에 두었지만, 일본은 미국과 전 세계를 상대로 싸울 정도

광복군은 우리나라를 우리 손으로 되찾기 위해 국내 진입 작전을 준비하고 있었습니다.

로 강한 나라입니다. 우리 광복군의 사기가 아무리 드높아도, 그 수가 수백에 불과합니다. 연합국이 돕고 있긴 하지만, 광복군이 맡은 임무는 비밀 침투, 폭파 등 위험하기 짝이 없는 것들이었습니다. 그들을 다시 만날 수 없을지도 모르는 일이었습니다. 옛날 이순신이 가졌던 그 마음이 지금 광복군에게 필요한 것이었습니다.

1945년 8월 10일, 백범은 저녁 초대를 받아 중국 관리의 집에 있었습니다. 대화를 나누던 중 전화를 받은 중국 관리는 일본이 항복하였다는 소식을 전해 주었습니다.

1945년 8월 9일 미국은 일본 나가사키에 원자폭탄을 떨어뜨렸어. 8월 6일 히로시마에 이은 두 번째 폭격이었지. 소련까지 연합국으로 참전한 마당에, 연이은 두 번의 폭격으로 일본은 무조건 항복할 수밖에 없었어.

백범에게 이 소식은 하늘이 무너지고 땅이 꺼지는 일이었습니다. 몇 년에 걸쳐 준비한 작전이 모두 헛일이 되었기 때문입니다. 지금까지 들인 정성이 아까웠고, 또 앞으로 다가올 일이 걱정이 되었습니다. 우

리 힘으로 얻은 독립이 아니기 때문에, 앞으로 독립된 나라에서 우리나라 사람들이 과연 제 목소리를 낼 수 있을까 우려가 되었습니다.

그토록 기다리던 허방의 날은 이렇게 어느 날 갑자기 도둑처럼 몰래 우리를 찾아왔습니다.

한 칼 갈아 온 지 십 년 (十年磨一劍)
서릿발 같은 칼날 때를 못 만나 (霜刀未曾時)

중국 시인 쟈다오(賈島)의 시 구절이 그날 백범의 마음을 대신 표현해 주는 것 같았습니다.

백범은 시안에서 다시 충칭으로 돌아왔습니다. 당시 중국은 전쟁이 끝난 기쁨으로 흥분의 도가니가 되어 있었습니다.

임시정부도 들떠 있었습니다. 나라가 해방되었으니 임시정부를 해산하고 빨리 귀국하자는 의견도 나왔습니다. 그러나 일단 해방된 조국에 정부 자격으로 귀국하여 국민들에게 대한민국 임시정부를 바치기로 하였습니다.

하지만 국내에는 연합국으로 참전했던 미국 군인들이 세운 정부가 이미 있었습니다. 미군정은 임시정부가 정부의 자격을 버리고 귀국해야 한다고 못박았습니다.

결국 임시정부는 정부로서 인정받지 못하였고, 자연히 임시정부 요인들도 국무위원의 자격이 아닌 개인 자격으로 귀국할 수밖에 없었습니다.

1945년 11월 5일, 백범 일행은 충칭에서 비행기를 타고 상하이로 향했습니다. 상하이를 떠난 지 13년 만이었습니다. 상하이 비행장이 지어진 곳은 바로 홍커우 공원 자리였습니다. 상하이에 거주하는 동포 6,000여 명이 그들을 환영하기 위해 기다리고 있었습니다. 백범은 단 위에 올라서서 동포들에게 인사를 하였습니다. 그 자리는 바로 윤봉길이 폭탄을 던진 자리였습니다. 백범은 그날의 감회가 밀려오는 듯, 몇 차례나 이야기를 멈추고 눈물을 참아야 했습니다. 동포들의 '대한 독립 만세' 소리도 차츰 울음으로 변해 갔습니다.

미군정이 마련해 주기로 한 비행기 운행이 자꾸 지연되면서, 귀국 날짜도 하루하루 미뤄졌습니다. 상하이에 들려오는 고국의 소식은 어두운 것뿐이었습니다. 38선을 기준으로, 북쪽은 소련이 남쪽은 미국이 분할 통치할 것이라는 내용이었습니다.

길고 외로운 임시정부 생활을 견뎌 온 것은 언젠가 우리들의 손으

귀국을 앞둔 1945년 11월 3일,
충칭 임시정부 앞에서.
백범은 정부 자격으로 귀국하여 국민에게
대한민국 임시정부를 바치기를 원했습니다.

로 독립을 이루고, 우리나라 사람들의 자유를 보장할 수 있는 정부를 세울 수 있다는 희망이 있었기 때문입니다. 우리나라의 독립과 우리나라 사람의 자유를 위해 목숨을 걸고 독립운동을 펼쳐 온 것이지, 미국이나 소련이 대신 다스리는 나라는 꿈도 꾼 적이 없었습니다. 무엇보다도 두 나라 군대가 우리 땅을 둘로 나누어 점령했다가 자칫 영원히 둘로 갈라놓는 것은 아닌가, 백범은 그것이 걱정스러웠습니다.

드디어 귀국 날짜가 잡혔습니다. 귀국은 미군정이 마련한 수송기를 이용하기로 했습니다.

상하이에 머문 지 18일 만인 1945년 11월 23일 오후 1시, 백범을 비롯한 임시정부 식구들을 태운 비행기가 이륙하였습니다. 수송기 안은 기침 소리 하나 없이 숙연하였습니다. 3시간 정도 날았을까, 누군가 외쳤습니다.

"아…… 아, 보인다, 대한민국이!"

모두들 비행기의 조그만 창문으로 머리를 디밀었습니다. 누가 먼저랄 것 없이 애국가가 흘러나왔습니다. 모두들 목이 메어 비행기 안은 금세 눈물바다가 되었습니다. 바위처럼 앉아 있던 백범의 안경알에도 뽀얗게 김이 서리고 그 밑으로 두 줄기 눈물이 흘러내렸습니다.

고국을 떠난 지 어언 27년 만이었습니다. 백범의 나이 일흔이었습니다.

김포 비행장에 내린 백범 일행은 자동차를 타고 서울 서대문으로 향했습니다. 임시정부 환영준비위원회가 서대문에 있는 경교장을 백범의 숙소로 정했기 때문입니다.

> 경교장의 원래 이름은 '죽첨장'이었어. 죽첨장이란 이름이 일본식인 것이 마음에 들지 않았던 백범은, 근처 개울에 놓인 다리 이름을 따 '경교장'이라고 다시 이름을 붙였지. 그 뒤로 지금까지 경교장이라고 불리고 있단다.

차창을 통해 보이는 고국의 산천은 예나 지금이나 변함이 없었습니다. 책가방을 메고 지나가는 학생들의 밝고 씩씩한 얼굴을 보면서 백범은 우리나라의 희망찬 미래를 읽을 수 있었습니다.

미군정은 백범 일행의 귀국 날짜와 시간을 국민들에게 알리지 않

백범이 중국에서 돌아와 서거할 때까지 살았던 경교장의 현재 모습.
지금은 강북삼성병원의 일부로 쓰이면서, 백범이 머물던 방만 옛날 모습으로 꾸며져 있습니다.

1945년 12월 19일, 뒤늦게 임시정부 환영회가 열렸습니다. 행사에 참석한 학생들이 종로에서 행진을 하고 있습니다.

았습니다. 그래서 우리나라 사람은 아무도 비행장에 마중을 나가지 못했습니다. 미군정은 백범과 임시정부를 차갑게 대했습니다. 임시정부를 인정하지 않고 임시정부 요인들을 개인 자격으로 귀국시켰음은 물론, 일본이 항복한 지 3개월이 지나서야 귀국 일정을 잡아 주었고, 그 일정을 국민들에게 알리지도 않았던 것입니다.

당시 우리나라 국민들에게 임시정부는 독립운동의 상징으로 높이 받들어졌어. 백범과 임시정부의 귀국은 국민적인 환영을 받을 것이고, 임시정부를 중심으로 우리나라 국민들이 돌돌 뭉칠 것은 불 보듯 뻔한 일이었지. 이것은 곧 미군정이 설 자리가 좁아지는 것을 의미하기 때문에 미군정은 백범과 임시 정부를 푸대접했던 거야.

경교장에 도착한 백범은 귀국 성명을 발표하여, 완전한 자주 독립 국가 건설을 위하여 남은 생을 바칠 것이고, 조국의 통일과 독립을 위해서라면 불속이든 물속이든 뛰어들 것을 다짐하였습니다.

해방을 맞았지만, 우리나라의 속사정은 매우 복잡했단다. 38선을 경계로 북쪽은 소련 군대가, 남쪽은 미국 군대가 **군정**(점령지에서 군대가 행하는 임시 행정)을 펼치고 있었어. 남쪽 안에서도 민족주의 계열과 공산주의 계열로 나뉘어 분열과 다툼이 몹시 심했지.

백범은 또다시 대통합을 주장하였습니다. 대통합에 제외되는 부류는 오직 독립운동을 방해하고 민족을 배반하여 일본의 앞잡이 노릇을 한 친일파뿐이었습니다. 백범은 친일파에 대해서만은 공개적으로 엄중히 처벌할 것을 주장하였습니다. 일부 친일파를 제외한 모든 국민들이 이념을 뛰어넘어, 남과 북을 아우르는 단결을 해야 한다고 주장하였습니다. 오직 단결만이 친일파를 몰아내는 길이고, 38선을 없애는 길이며, 완전한 자주 통일 국가를 이루는 길이라고 목소리를 높였습니다.

　1945년 12월, 모스크바에 미국·영국·소련의 외무부 장관이 모였습니다. 이것을 '모스크바 3상 회의'라고 합니다. 모스크바 3상 회의에서는, 한국은 아직 독립을 할 능력을 갖추지 못하였으니 미국·영국·소련·중국 네 나라가 5년 동안 대신 통치한다는 '신탁통치안'이 통과되었습니다.
　모스크바 3상 회의의 결정은 우리나라 전체를 술렁이게 만들었습니다.

38선을 넘어서

일본만 우리나라에서 물러나면, 우리나라가 독립될 거라고 굳게 믿고 있던 국민들에게 모스크바 3상 회의의 결과는 마른하늘에 날벼락 같은 것이었습니다. 긴 식민지 생활을 이제 막 벗어난 우리 국민들에게 신탁통치는 또 다른 식민지 생활을 떠오르게 하였습니다. 많은 국민들이 신탁통치라는 말에 거부감을 느꼈습니다.

백범 또한 마찬가지였습니다. 수십 년 동안 온갖 고초를 무릅쓰고 독립운동을 한 것은 우리나라의 자주 독립을 위한 것이지, 일본 대신 다른 나라의 지배를 받으려 한 것이 결코 아니었기 때문입니다.

소련을 따르는 공산주의 계열(좌익)은 '신탁통치 찬성(찬탁)'의 입장을 밝혔습니다. 미국을 따르는 민족주의 계열(우익)은 '신탁통치 반대

(반탁)'의 입장을 밝혔습니다. 우익은 반탁-반소련 운동을 펼쳐 나갔고, 좌익은 찬탁-반미국 운동을 펼쳤습니다. 신탁통치 문제는 우리나라 사회에 좌우의 깊은 골을 만들고야 말았습니다.

    신탁통치 문제는 심각한 갈등으로 번져 나갔습니다. 찬탁과 반탁의 시위대가 날마다 충돌하여 사회는 극도로 혼란스러웠습니다.
    백범의 주장은 언제나 한결같았습니다. 그것은 우리 민족 스스로 자주 국가를 세우자, 남과 북이 하나 되는 통일 국가를 만들자, 친일파들에게 벌을 주자는 것이었습니다.
    신탁통치는 자주 국가 건설과 정면으로 부딪히는 이야기이기 때문에, 백범은 받아들일 수가 없었습니다. 백범은 이승만 등과 함께 반탁 운동을 강력하게 벌였습니다.

> 이즈음 미국과 소련은 우리나라에 정부를 세우기 위해 미·소 공동위원회를 열었어. 하지만 미국은 미국대로, 소련은 소련대로 우리나라를 쉽게 통제할 수 있는 자기들만의 정부를 세우고 싶어 했어. 미국과 소련의 팽팽한 대립 속에 회의는 번번이 소득 없이 끝나고 말았단다.

백범은 통일 정부 수립을 위해서는 좌익과 우익이 힘을 합쳐야 한다고 생각했습니다. 백범은 민족주의 계열의 지도자와 공산주의 계열의 지도자들을 잇달아 만나면서, 통일 정부 수립을 위한 방법을 찾고 있었습니다.

한편 미국과 소련은 꿍꿍이 속셈을 가지고 있었습니다. 자기들의 입김이 먹히는 하나의 정부를 세울 수 없다면, 우리나라를 반쪽으로 갈라 가지려는 것이었습니다. 미국은 이승만을 앞세우고, 소련은 김일성을 앞세워 반쪽짜리 정부를 세우려 하였습니다.

먼저 입을 연 것은 이승만이었습니다. 1946년 6월 이승만은 전라

반탁 운동에 나서 연설하는 백범. 우리 민족 스스로의 힘으로 자주 국가를 세워야 한다고 생각했던 백범은 신탁통치에 찬성할 수 없었습니다.

도 정읍에서, 남한만이라도 먼저 단독 정부를 세워야 한다고 주장하였습니다.

백범은 펄쩍 뛰었습니다. 남과 북이 각각의 정부를 세운다면, 우리나라는 두 동강이 나고, 결국에는 같은 민족끼리 피를 흘리는 전쟁을 하게 된다며 목소리를 높였습니다.

백범의 처절한 외침에도 불구하고 우리나라에는 남과 북으로, 좌익과 우익으로 점점 더 깊은 골이 생기고 있었습니다.

복잡하게 얽힌 나라 사정 속에서도 백범이 미룰 수 없었던 일이 두 가지 있었습니다.

하나는 독립운동에 목숨을 던진 애국지사들의 시신을 고국으로 모셔 오는 것이었습니다.

꽃다운 젊음을 던져 대한 사람의 기상을 세계에 알린 이봉창, 윤봉길의 시신을 일본에서 모셔 왔습니다. 수십 년 동안 함께 고생을 하다가, 해방을 얼마 남기지 않고 중국 땅에서 숨을 거둔 이동녕, 차리석의 시신도 고국으로 모셔 왔습니다.

백범은 이분들을 편안한 자리에 모시려고 여러 곳의 땅을 둘러보았습니다. 그중 효창원이 가장 마음에 들었습니다. 효창원에 애국지사

이봉창, 윤봉길 의사 묘에 참배하는 백범. 백범은 어렵고 힘든 일이 생길 때마다 효창원에 참배하였습니다. 나라를 위해 목숨을 바친 이들과 그 일을 의논하고 또 의논하였습니다.

와 임시정부 요인의 묘역을 꾸몄습니다.

묘소 앞에서 백범은 마음속으로 이렇게 말했습니다.

'동지들, 편히 쉬고 계시구려. 내 곧 그대들 곁으로 가리다.'

백범의 마음속에서 깊은 회한(뉘우치고 한탄함)이 밀려왔습니다.

'그대들은 떠나고, 나만 혼자 남았습니다. 그대들이 목숨을 바쳐 되찾으려던 나라는 지금 남북으로, 좌우로 가리가리 찢겨지고 말았구려. 부끄러운 마음으로 이 늙은이가 그대들 앞에 서 있으니, 마음껏 꾸짖어 주시오.'

지팡이를 짚고 고개를 숙인 백범의 얼굴어 두 줄기 눈물이 흘러내렸습니다.

　백범이 미루어 둘 수 없던 일 중 다른 하나는, 독립된 나라를 이끌어 갈 청년들을 교육하는 것이었습니다.
　미국과 소련이 연합국의 자격으로 우리나라의 독립을 도운 건 사실이었습니다. 하지만 돌아가는 사정을 보아하니, 두 나라는 각자 욕심이 있어서, 우리나라에 통일 정부를 세우기는커녕 둘로 나누어 놓으려 하고 있었습니다.

건국실천원양성소 2기생과 함께 한 백범. 백범은 우리나라의 완전한 독립과 통일을 이끌어 갈 젊은이들을 길러 내기 위해 '건국실천원양성소'를 세웠습니다.

백범은 더 이상 외국의 힘을 믿을 수 없다고 생각하였습니다. 우리의 통일 정부는 우리 손이 아니고서는 세울 수 없다고 결론을 내렸습니다. 그래서 우리나라의 완전한 독립과 통일을 이끌어 갈 젊은이들을 길러 낼 '건국실천원양성소'를 세웠습니다. 말 그대로 아름다운 우리나라를 세우는 일을 실천할 사람을 길러 내는 곳이었습니다.

 백범은 건국실천원양성소의 젊은 이들에게, 어디에 가든 '머리'가 되려 경쟁하지 말고, '다리'가 되고자 애쓰는 사람이 되라고 가르쳤어. 우두머리가 되려는 욕심에 날뛰는 사람이 많아지면, 결국 그 집단은 불필요한 다툼과 분열을 겪게 마련이지. 서로서로가 낮고 어려운 일을 남보다 먼저 하려고 한다면, 필요 없는 다툼은 없어지고 모든 일이 잘 풀려 나갈 거야. 자기의 능력을 헤아려 낮은 일부터 성실하게 하다 보면, 여러 사람에게 인정받아 저절로 높은 자리에 설 수 있게 된다는 거야.

1948년, 미국과 이승만은 남한만의 단독 정부 수립에 박차를 가했습니다. 북쪽에서도 그들만의 정부를 세우기 위해 움직이기 시작하였습니다. 정말로 38선이 분단선으로 자리를 잡을 모양이었습니다.

38선 때문에 사람은 물론 물자의 교류도 끊겼습니다. 상대적으로

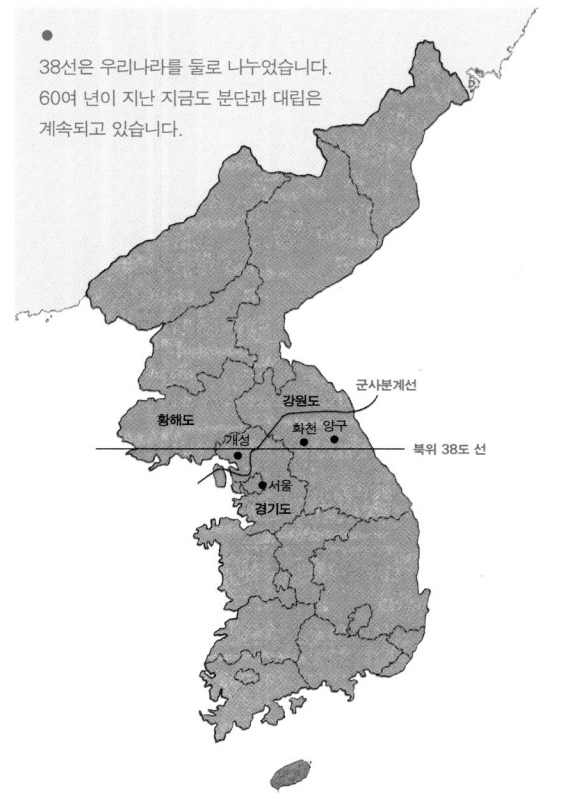

38선은 우리나라를 둘로 나누었습니다. 60여 년이 지난 지금도 분단과 대립은 계속되고 있습니다.

식량이 풍족했던 남쪽에서 북쪽으로 식량을 보낼 수가 없었습니다. 북쪽 동포들은 굶주림에 시달려야 했습니다. 당시만 해도 발전소와 공장들은 38선 이북에 주로 있었습니다. 북쪽에서 생산되는 전기와 공산품도 남쪽으로 내려올 수가 없었습니다. 남쪽의 주민들도 말로 표현할 수 없는 생활난을 겪어야 했습니다. 남북의 국민들은 누구라고 할 것 없이 가난에 시달려야 했습니다.

백범은 이승만을 만나 단독 정부를 세워서는 안 된다고 말했습니다. 이승만은 이승만대로 고집을 꺾지 않았습니다. 해방 이후 같은 노선을 걷던 백범과 이승만은 단독 정부 문제로 사이가 벌어졌습니다.

1948년 2월, 백범은 '삼천만 동포에게 읍고(눈물로 호소)함'이라는 성명을 내어, 조국이 분단되어서는 절대 안 된다는 것을 국민들에게 간절히 호소하였습니다.

38선에 선 백범
(왼쪽 비서 선우진, 오른쪽 작은아들 신).
백범은 통일 정부 수립을 위해
우리 민족끼리 무릎을 맞대고
이야기하자고 했습니다.

"한국이 있고서야 한국 사람이 있고, 한국 사람이 있고서야 민주주의도 공산주의도 또 무슨 단체도 있을 수 있는 것이다. 자주적인 통일 정부를 수립하려는 이때, 어찌 개인이나 집단의 사사로운 욕심을 탐하여 국가와 민족의 백년대계(먼 앞날까지 내다보고 세우는 크고 중요한 계획)를 그르칠 자가 있으랴. ……마음속의 38선이 무너지고서야 땅 위의 38선도 철폐될 수 있다. ……나는 통일된 조국을 건설하려다가 38선을 베고 쓰러질지언정 내 한 몸의 구차한 안일(편안하고 한가로움)을 위해 단독 정부를 세우는 데 협력하지 않겠다."

백범은 김두봉에게 편지를 보냈습니다. 김두봉은 당시에는 북한에 있었지만, 중국에서는 백범과 함께 독립운동을 했던 사람입니다. 백범은

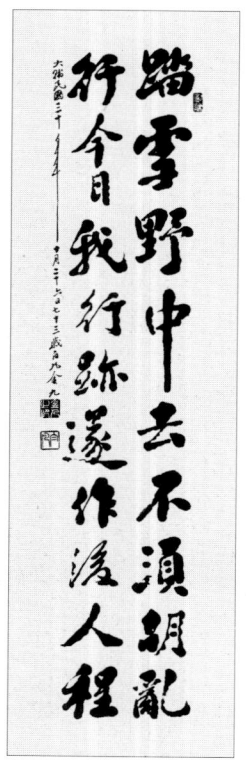

남북협상을 앞두고 백범이
자주 썼던 붓글씨

김두봉에게 우리가 독립운동을 했던 것은 통일된 나라를 만들기 위해서였지, 허리가 끊어진 조국을 보려고 했던 것은 아니라며, 우리끼리 무릎을 맞대고 이야기를 해 보자고 남북협상을 제의하였습니다.

얼마 후 김일성과 김두봉의 이름으로, 평양에서 만나 통일정부 수립에 대해 상의하자는 답장이 왔습니다. 백범은 공산주의자와 가까운 편이 아니었지만, 통일 정부를 수립하는 문제에서 이념을 따질 수는 없다고 생각하였습니다.

깊은 밤 백범은 홀로 앉았습니다. 이대로 가다가는 우리나라가 영원히 둘로 갈라질 것만 같았습니다. 두 눈을 뜨고 앉아서 조국이 반 토막 나는 것을 지켜만 보고 있을 수 없었습니다.

백범은 한참 만에 눈을 떴습니다. 붓을 들어, 펼쳐진 흰 종이 위에 힘주어 써 내려갔습니다.

눈 밟고 벌판 가운데 걸어가더라도 어지러이 걷지 말지니
오늘 내 자취가 뒷사람의 이정표가 됨이라
(踏雪野中去 不須胡亂行 今日我行跡 遂作後人程)

1948년 4월 19일, 백범은 통일 정부 수립을 위한 남북협상에 나섭

니다. 우익 학생들이 경교장을 둘러싸고, 공산주의자와 협상할 수는 없다며 백범을 막아섰습니다. 백범은 그들에게 말했습니다.

"통일은 남북이 뜻을 합쳐야 가능한 것일세. 북쪽에 공산주의자들이 있다고 이야기조차 해 보지 않는다면, 어떻게 통일을 할 수 있겠나. 만나지 않는 것은 통일을 포기하는 것이네. 지금 남과 북으로 갈라지면, 우리는 조만간 서로에게 총부리를 겨누고 피를 흘리게 될 걸세."

학생들은 막무가내였습니다. 결국 백범 일행은 경교장 뒷담을 넘어 평양으로 향했습니다. 백범의 나이 일흔셋이었습니다.

백범은 남북협상 길을 막아선 대학생들에게 '지금 남과 북으로 갈라지면, 우리는 조만간 서로에게 총부리를 겨누고 피를 흘리게 될 것'이라고 말했습니다.

뫼 무너지듯, 아아, 크낙한 바위 무너지듯

　　백범과 김규식 등 남쪽에서 올라간 지도자들은 같은 핏줄을 나눈 동포와 마음을 열고 이야기를 하다 보면, 좋은 통일 방안이 나올 것이라고 믿었습니다. 그러나 김일성은 처음부터 백범 일행과 진지하게 만날 생각이 없었습니다. 자기도 통일 정부 수립을 위해 애썼다는 흔적을 남기고 싶어 했을 뿐이었습니다. 김일성의 뒤에는 소련이 있었습니다.

　　남쪽에서 단독 정부를 추진하던 사람들은 남북협상을 다녀온 백범을 '순진하고 무모하다', '북한에 이용만 당했다'고 비난하였습니다. '백범이 공산주의자가 되었다'는 악의적인 소문까지 나돌았습니다.

　　그러나 백범은 '모든 것이 첫 숟가락에 배부르지 않듯이, 두 번 세 번 더 만나 이야기하다 보면 우리의 목적을 달성할 수 있다.'고 말하였습니다.

🐭 결국 남한에서는 1948년 5월 10일 총선거가 실시되고, 7월 20일에는 국회에서 대통령 선거가 실시되어, 이승만이 대통령으로 당선되었단다. 상하이 임시 정부 시절, 탄핵을 받아 대통령 자리에서 쫓겨났던 이승만이 또다시 우리나라의 대통령이 된 거야. ❂ 8월 15일 대한민국 정부가 수립되었고, 9월 9일에는 북한에서도 따로 정부가 세워졌어. 이때부터 우리나라는 남과 북으로 완전히 갈라진 거야.

반쪽짜리 정부 수립에 반대하며 참여를 거부한 백범은 남북협상과 통일을 위해 할 수 있는 일을 쉼 없이 찾았습니다. 한편으로는 어려운

남북연석회의(남북협상)에서 연설하는 백범. 백범은 같은 핏줄을 나눈 남북의 지도자가 서로 마음을 열고 이야기를 계속하다 보면, 좋은 통일 방안이 나올 것이라고 굳게 믿었습니다.

형편의 학생들을 돕고, '백범학원'과 '창암학원'을 세워 교육 사업에도 노력하였습니다.

1949년 6월 6일, 반민특위 사무실에 경찰이 들이닥쳐 위원들을 총으로 위협하고, 총과 신분증을 빼앗고, 땅에 꿇어앉히는 등 행패를 부렸습니다. 일부 위원들은 경찰에 붙잡혀 갔습니다.

반민 특위(반민족 행위 특별조사위원회)는, 일제강점기에 일본에 협력하면서 겨레를 배신한 행위를 한 사람들을 조사하고 처벌하기 위해 만든 특별위원회란다. 주로 일제강점기에 일본에 재산을 바치고 지위를 보장받거나 재산을 늘린 자, 독립운동하는 애국지사를 일본 경찰에 일러바친 자, 독립운동가들을 고문했던 일본 경찰의 앞잡이, 우리나라 젊은 이들을 학병이나 정신대(태평양전쟁 때 일본군 위안부로 끌려간 여성들)로 보낸 자, 일본에 아부하고 협력한 지식인과 예술인 등을 조사하고 처벌하려 했지.

이승만 정권은 반민특위 활동에 사사건건 시비를 걸었습니다. 당시 정부에는 일제강점기에 우리 겨레에게 못된 짓을 했던 친일파들이 많이 들어가서 중요한 자리를 차지하고 있었습니다. 이러한 이승만 정권에게 반민특위는 서서히 목을 조여 오는 두려움이었습니다.

이승만 정권은 '국회 프락치 사건'을 조작하기에 이릅니다. '국회 프락치 사건'이란 당시 국회의원 중 몇몇이 공산당의 한 계열이던 남로당의 지령을 받고, 간첩 행위를 하여 대한민국을 뒤엎으려 했다는 것을 말합니다. 이승만 정권은 간첩 행위를 한 국회의원들이 대부분 반민특위와 관련이 있고, 그 배후에는 백범이 있다고 주장하였습니다.

물론 반민특위의 활동이 눈엣가시였던 이승만 정권이 꾸며 낸 거짓말이었습니다. 이승만 정권은 단독 정부를 반대했던 백범에게 공산당이라는 누명을 씌우고, 반민특위의 손발을 두으려 했습니다. 결국 반민특위는 제대로 된 활동을 펼치지 못하고, 문을 닫아야단 했습니다.

1949년 6월 26일은 맑고 쾌청한 초여름 날씨였습니다. 한가로운 일요일 점심나절, 백범은 경교장 2층에서 『중국시선』이라는 책을 읽다가, 붓글씨를 쓰고 있었습니다.

육군 소위 안두희가 백범을 만나겠다며 찾아왔습니다. 전에 한번 백범에게 인사를 한 적이 있어서, 경교장에 있던 사람들은 별다른 의심을 하지 않았습니다. 백범의 비서였던 선우진은 안두희를 2층으로 안내하고 자신은 지하실로 내려왔습니다. 불과 1~2분의 시간이 흘렀을

백범이 마지막으로 남긴 붓글씨

까, 경교장 2층에서 네 발의 총성이 울렸습니다.

첫 발은 백범의 인중에 맞고 꺾여 왼쪽 뺨을 지나, 경교장 2층 유리 창문을 꿰뚫었습니다. 두 번째, 세 번째 총알은 백범의 가슴에 박혔습니다. 네 번째 총알은 백범의 배를 관통했습니다.

눈 깜박할 사이, 네 발의 총을 맞은 백범이 고목나무처럼 쓰러졌습니다. 백범이 마지막으로 붓글씨를 썼던 화선지 위로 검붉은 피가 점점이 배어 들었습니다.

思無邪
(사무사, 생각에 사악함이 없어야 한다)

백범이 남긴 마지막 글이었습니다.

의사가 달려왔습니다. 의사는 손 한번 써 보지 못하고 고개를 가로 저었습니다.

나라와 겨레를 위해 한평생을 헌신했던 백범은 그렇게 허무하게 세상을 등졌습니다. 백범의 죽음이 알려지자, 수많은 시민들이 놀란 가슴을 안고 경교장으로 몰려들었습니다. 경교장 일대는 울음바다가 되

통일의 길 149

경교장 2층 유리창에 남은 두 개의 총알 자국. 나라와 겨레를 위해 한평생을 바친 백범의 죽음이 알려지자, 경교장 일대는 순식간에 울음바다가 되었습니다.

었습니다. 굳세고 순수한 지도자를 잃은 슬픔의 눈물은 경교장에서 전국으로 퍼져 나갔습니다.

박두진 시인은 백범의 죽음 앞에 이렇게 외쳤습니다.

뒷날에 뉘 있어 스스로 나라를
사랑했다 이를 양이면

스스로의 가슴에
조용히 손을 얹고
이제 백범 가신 이의
생애에다 물어보지 않고는
스스로
아무나 나라를 사랑했다 생각하지 말라.

1949년 7월 5일, 백범의 장례식 날은 하늘도 서러운 듯 날씨마저 흐렸습니다. 백범은 전 국민의 오열 속에 영원히 잠들었습니다. 백범은

백범의 죽음은 온 겨레의 슬픔이었습니다. 백범의 장례식에는 엄청난 인파가 몰렸습니다.
하늘도 슬픈지 하루 종일 흐렸습니다.

평소 이봉창, 윤봉길 등 애국지사와 임시정부에서 함께 고생했던 동지들이 잠들어 있는 효창원에 묻히기를 소원했습니다. 소원대로 백범은 함께 독립을 꿈꾸던 사람들의 곁으로 돌아갔습니다. 백범의 나이 일흔넷이었습니다.

백범에게 총을 쏜 안두희는 그 자리에서 체포되었어. 잡혀간 안두희는 제대로 조사도 받지 않았고, 그가 재판을 받던 법정에는 '애국자 안두희를 석방하라'는 벽보가 붙어 국민들을 의아하게 했지. 안두희는 암살범에게 으레 내려지는 사형이 아닌 무기형을 받았고, 나중에는 15년으로 감형되었단다. 게다가 감옥에서도 언제든지 술과 고기를 마음껏 먹을 수 있었지. ◉ 6·25전쟁이 터지자 안두희는 현역 군인으로 복귀하여 승진을 거듭했어. 대령으로 전역한 후에는 사업을 해서 엄청난 돈을 만지기도 했단다. ◉ 안두희는 살아 있을 동안 늘 자기 혼자서 백범을 죽였다고 말했어. 하지만 그건 사실이 아니야. 안두희를 뒤에서 조종했던 사람들에게 보복을 당할 것이 두려웠기 때문에 사실대로 말할 수 없었던 거야. 실제로 그 배후에 대해 입을 열었던 사람들은 모두 처형당하거나 의문의 죽음을 당했어. ◉ 우리 겨레 중 감히 백범에게 총부리를 겨눌 수 있는 사람은 없었단다. 겨레와 조국을 배신한 친일파이거나 통일 정부를 반대하는 사람이 아니고서는 그럴 수 없었지. 그들은 백범을 살해할 치밀한 계획을 세우고, 안두희를 꼭두각시로 내세웠던 거야. ◉ 1996년 10월 23일, 안두희는 박기서라는 사람에게 역사의 심판을 받고 저세상 사람이 되었어. 박기서는 '겨레와 조국에 죄를 지은 안두희가 하늘이 주는 수명대로 사는 것은 후손에게 부끄러운 일'이라며 안두희를 응징했던 거야.

백범이 숨을 거둔 다음 해인 1950년 6월 25일, 전쟁이 터졌습니다. 백범의 예언대로 우리 겨레는 남과 북으로 갈려 피비린내 나는 전쟁을 3년 동안 치렀습니다. 백범의 주장대로 통일 정부를 수립했다면 흘리지 않아도 될 피였습니다. 약 450만 명의 사람들이 전쟁으로 목숨을 잃었으며, 그 이후로 지금까지 한반도에는 분단과 대립이 지속되고 있습니다.

백범의 삶이 우리에게 준 것들

『백범일지』는 임시정부가 큰 위기에 처했을 때, 이제 자신의 목숨을 독립운동에 바치기로 마음먹은 백범이 어린 두 아들에게 남긴 유서입니다.

백범 김구

진솔하고 소박한 말투로 풀어 가는 백범의 이야기를 통해, 우리는 백범과 만나게 됩니다. 그리고 마음 깊은 곳에서부터 뜨거운 눈물을 쏟아 내기도 하고, 허리를 곧추세우게 하는 차갑고 서늘한 깨달음을 얻기도 합니다.

황해도 산골의 가난한 '상놈 집안'의 아들로 태어난 백범의 삶은 고난과 시련, 그리고 실패의 연속이었습니다. 그러나 그 어떤 것도 백범을 쓰러뜨리지는 못하였습니다. 백범은 그때마다 다시 일어섰고, 새로운 희망을 찾아내고야 말았습니다.

　　백범은 인생의 첫 도전이었던 과거에 실패하고, '마음 좋은 사람'이 되겠다는 삶의 목표를 세웠습니다. 연이어 동학의 실패를 겪은 뒤, 백범은 스승 고능선을 만나 '판단, 실행, 계속'이라는 '마음 좋은 사람'이 되기 위한 구체적인 방법을 알게 되면서 점점 더 완성된 인격체로 성장해 갑니다. 가족과 이웃에 대한 사랑은 자연스럽게 겨레와 나라에 대한 사랑으로 진화하였습니다.

　　순수하고 뜨거운 백범의 겨레 사랑은 늘 아래서부터 시작되었습니다. 머리가 아니라 다리가 되고자 하였습니다. 이 마음이 가장 잘 드러난 것이 '백정(白丁)'과 '범부(凡夫)'에서 따온 그의 호 '백범(白凡)'입니다.

　　백범으로 고친 것은, 우리나라가 완전한 독립국이 되려면 조선의 하층민, 곧 백정이나 범부들이라도 애국심이 현재의 나 정도는 되어야 하겠다는 바람 때문이었다.

　　두 차례의 모진 옥살이에도 불구하고 백범의 독립 의지는 시들지 않았습니다. 15년 옥살이를 할 아들을 면회하러 와 '나는 네가 경기 감사 된 것보다도 더 기쁘다'고 힘찬 말을 하는 어머니의 격려를 통해, 백범은 일제에게 한 치의 양보도 없는 독립투사가 되었습니다. 더욱 크고 굳은 '뭉우리돌'이 되었습니다.

"네 소원이 무엇이냐?" 하고 하나님이 물으시면, 나는 서슴지 않고
"내 소원은 대한 독립이오." 하고 대답할 것이다.
"그 다음 소원은 무엇이냐?" 하면, 나는 또
"우리나라의 독립이오." 할 것이요, 또
"그 다음 소원이 무엇이냐?" 하는 셋째 번 물음에도, 나는 더욱 소리를 높여서
"나의 소원은 우리나라 대한의 완전한 자주독립이오." 하고 대답할 것이다.
……
나는 일찍이 우리 독립 정부의 문지기가 되기를 원했거니와, 그것은 우리나라가 독립국만 되면 나는 그 나라에 가장 미천한 자가 되어도 좋다는 뜻이다. 왜 그런고 하면, 독립한 제 나라의 빈천이 남의 밑에 사는 부귀보다 기쁘고, 영광스럽고, 희망이 많기 때문이다.

백범의 나라 사랑하는 마음은 소박하고도 간절하였습니다. 절실한 마음이 통하였는지 이봉창과 윤봉길이 임시정부를 찾아왔습니다. 이봉

창, 윤봉길은 하늘 높은 줄 모르고 날뛰던 일본의 코를 납작하게 만들었습니다. 온 세계에 대한 사람의 독립 의지를 알렸습니다. 이봉창, 윤봉길의 연이은 의거를 통해 임시정부는 위기를 극복하였습니다. 우리의 군대를 양성하여 우리 손으로 조국을 되찾을 희망을 꿈꾸게 되었습니다. 백범은 어두웠던 우리 역사에 자랑이고 긍지였습니다.

　해방을 맞았지만 그것은 우리의 힘만으로 이룬 것이 아니었습니다. 백범의 걱정처럼 조국은 두 동강이 날 위기에 처했습니다.

　　마음속의 38선이 무너지고야 땅 위의 38선도 철폐될 수 있다. …… 나는 통일된 조국을 건설하려다가 38선을 베고 쓰러질지언정 일신의 구차한 안일을 위하여 단독 정부를 세우는 데 협력하지 않겠다.

　통일된 조국의 영광된 미래를 위해 독립운동을 한 것이지 두 동강 난 조국을 보기 위해 길고도 힘든 독립운동을 한 것이 아니었기에, 백범은 조국 분단의 위기를 앉아서 보고 있을 수 없었습니다. 조국이 남과 북으로 갈라지면 얼마 후 우리 겨레는 서로의 가슴에 총부리를 겨눌 것이 불 보듯 뻔했기 때문입니다. 일흔셋의 몸을 이끌고 38선을 넘었습니다. 반쪽만의 정부에서라도 한 자리를 차지하려는 욕심에 눈이 먼 사람들은 백범이 눈엣가시였을 것입니다. 어느 한가로운 일요일 오후, 백범은 친일파와 반통일 세력의 꼭두각시인 안두희의 흉탄에 허망하게 눈을 감았습니다.
　　　백범이 세상을 떠나고 꼭 1년 만에 6·25전쟁이 일어났습니다. 백범이 예언한 그대로였습니다. 그리고 분단과 갈등은 지금까지도 계속되고 있습니다.
　　　백범은 우리 역사의 아픔이고 슬픔입니다.
　　　아니, 백범은 우리의 현실이고 우리가 풀어야 할 과제입니다.

　　　나는 우리나라가 세계에서 가장 아름다운 나라가 되기를 원한다. 가장 부강한 나라가 되기를 원하는 것은 아니다. 내가 남의 침략에 가슴이 아팠으니, 내 나라가 남을 침략하는 것을 원치 아니한다. 우리의 부력(富力)은 우리의 생활을 풍족히 할 만하고, 우리의 강력(強力)은 남의 침략을 막을 만하면 족하다. 오직 한없이 가지고 싶은 것은 높은 문화의 힘이다. …… 나는 우리나라가 남의 것을 모방하는 나라가 되지 말고, 이러한 높고 새로운 문화의 근원이 되고, 목표가 되고, 모범이 되기를 원한다. 그래서 진정한 세계의 평화가 우리나라에서, 우리나라로 말미암아서 세계에 실현되기를 원한다.

　　　백범이 꿈꾸는 우리나라의 모습은 인류사에 어느 나라도 이룩한 적이 없는 '높은 문화'가 살아 숨 쉬는 '아름다운 나라'입니다.
　　　백범은 우리가 만들어 가야 할 알뜰한 미래입니다.
　　　백범은 우리의 사명입니다. 우리가 잊어서는 안 될 정신입니다.
　　　언제까지고 우리 가슴에 살아 있어야 할 넋입니다.

백범 어록

- 무릇 한 나라가 서서 한 민족이 국민 생활을 하려면 반드시 기초가 되는 철학이 있어야 하는 것이다. 이것이 없으면 국민의 사상이 통일되지 못하여, 더러는 이 나라의 철학에 쏠리고, 더러는 저 민족의 철학에 끌리어 사상의 독립, 정신의 독립을 유지하지 못하고, 남을 의지하고 저희끼리는 추태를 나타내는 것이다. 나는 우리의 힘으로, 특히 교육의 힘으로 반드시 이 일이 이루어질 것을 믿는다. 우리나라의 젊은 남녀가 다 이 마음을 가질진대 아니 이루어지고 어찌하랴.

- 우리 민족으로서 해야 할 최고의 임무는, 남의 절제도 아니 받고 남에게 의뢰도 아니 하는 완전한 자주독립의 나라를 세우는 일이다. 이것이 없이는 우리 민족의 생활을 보장할 수 없을 뿐더러, 우리 민족의 정신력을 자유로 발휘하여 빛나는 문화를 세울 수가 없기 때문이다.

- 현재 우리들의 이론으로 우리 자손의 사상과 신앙의 자유를 속박함이 없는 나라, 천지와 같이 넓고 자유로운 나라, 그러면서도 사랑의 덕과 법의 질서가 우주 자연의 법칙과 같이 준수되는 나라가 되도록 우리나라를 건설하자.

- 우리는 개인의 자유를 극도로 주장하되, 그것은 저 짐승들과 같이 저마다 제 배를 채우기에 쓰는 자유가 아니요, 제 가족을, 제 이웃을, 저 국민을 잘 살게 하기에 쓰이는 자유다. 공원의 꽃을 꺾는 자유가 아니라 공원에 꽃을 심는 자유다.

●
　내가 원하는 우리 민족의 사업은 결코 세계를 무력으로 정복하거나 경제력으로 지배하려는 것이 아니다. 오직 사랑의 문화, 평화의 문화로 우리 스스로 잘 살고 인류 전체가 의좋게 즐겁게 살도록 하는 일을 하자는 것이다. 어느 민족도 일찍이 그러한 일을 한 이가 없었으니 그것은 공상이라고 하지 말라. 일찍이 아무도 한 자가 없기에 우리가 하자는 것이다.

●
　지금 인류에게 부족한 것은 무력도 아니요, 경제력도 아니다. 자연과학의 힘은 아무리 많아도 좋으나, 인류 전체로 보면 현재의 자연과학만 가지고도 편안히 살아가기에 넉넉하다. 인류가 현재에 불행한 근본 이유는 인의가 부족하고, 자비가 부족하고, 사랑이 부족한 때문이다. 이 마음만 발달이 되면 현재의 물질력으로 20억이 다 편안히 살아갈 수 있을 것이다.

●
　죽은 물고기는 물이 흐르는 대로 둥둥 떠내려갑니다. 그러나 산 물고기는 아무리 급류일지라도 자기 목적지에 도달하기 위해서 물을 거슬러 올라갑니다. 산 고기는 깊은 물도, 얕은 물도, 순한 물도, 격류의 억센 물결도, 여울진 종잇장 같은 물도 모로 누워서라도 거슬러 올라갑니다.

●
　일찍 어느 민족 안에서나 종교로 혹은 학설로 혹은 경제적·정치적 이해의 충돌로 두 파 세 파로 갈려서 피로써 싸운 일이 없는 민족이 없거니와, 지내어 놓고 보면 그것은 바람과 같이 지나가는 일시적인 것이요, 민족은 필경 바람 잔 뒤의 초목 모양으로 뿌리와 가지를 서로 걸고 한 수풀을 이루어 살고 있다. 오늘날 소위 좌우익이란 것도 결국 영원한 혈통의 바다에 일어나는 일시적인 풍파에 불과하다는 것을 잊어서는 아니 된다.

참고 문헌

『백범일지』 김구 지음, 도진순 주해, 돌베개
『쉽게 읽는 백범일지』 김구 지음, 도진순 엮어 옮김, 돌베개
『백범어록』 김구 지음, 도진순 엮음, 돌베개
『도왜실기』 김구 지음, 엄항섭 옮김, 범우사
『백범 김구 평전』 김삼웅, 시대의 창
『백범김구전집』 백범김구전집편찬위원회, 대한매일신보사
『한국광복군 연구』, 한시준, 일조각
『백범 김구』 신경림, 창비
『백범』 김별아, 이룸
『돌베개』 장준하, 세계사
『민족주의자의 죽음』 김삼웅, 학민사
『약산과 의열단』 박태원, 깊은샘
『아리랑』 김산·님 웨일즈 지음, 조우화 옮김, 동녘
『뜻으로 본 한국역사』 함석헌, 한길사
『다시 쓰는 한국현대사 1』 박세길, 돌베개
『한국 현대사 산책 1, 2』 강준만, 인물과사상사
『대한민국사 1~4』 한홍구, 한겨레출판
『민족주의는 반역이다』 임지현, 소나무
『만인보 1』 고은, 창비
『국사대사전』 이홍스, 백만사

웹사이트

백범김구선생기념사업협회   www.kimkoo.or.kr
백범김구기념관   www.kimkoomuseum.org
윤봉길의사기념사업회   www.yunbonggil.or.kr
장준하기념사업회   www.peacewave.or.kr
민족문제연구소   www.minjok.or.kr
청년백범   www.kimkoo.pe.kr

영상 자료

〈백범의 죽음〉 KBS, 1989
〈그것이 알고 싶다_패배한 암살, 48년 전의 진실〉 SBS, 1996
〈이제는 말할 수 있다_반민특위, 승자와 패자〉 MBC, 2001
〈친일파는 살아 있다 1~4〉 MBC, 2004

어린이를 위한 새로운 인물 돋보기
한겨레 인물탐구

01 김구 아름다운 나라를 꿈꾸다
청년백범 글 | 박시백 그림

02 간디 폭력을 감싸 안은 비폭력
카트린 하네만 글 | 우베 마이어 그림 | 김지선 옮김

03 다윈 세상을 뒤흔든 놀라운 발견
카트린 하네만 글 | 우베 마이어 그림 | 김지선 옮김

04 마틴 루터 킹 검은 예수의 꿈
카트린 하네만 글 | 우베 마이어 그림 | 김지선 옮김

05 전태일 불꽃이 된 노동자
오도엽 글 | 이상규 그림

06 제인 구달 침팬지의 용감한 친구
카트린 하네만 글 | 우베 마이어 그림 | 윤혜정 옮김

07 윤동주 별을 노래하는 마음
정지원 글 | 임소희 그림

08 린드그렌 삐삐 롱스타킹의 탄생
카트린 하네만 글 | 우베 마이어 그림 | 윤혜정 옮김

09 공병우 한글을 사랑한 괴짜 의사
김은식 글 | 이상규 그림

10 체 게바라 불가능을 꿈꾼 혁명가
오도엽 글 | 이상규 그림

11 김대중 행동하는 양심
손홍규 글 | 김홍모 그림

12 헬렌 켈러 세상을 밝힌 작은 거인
윤해윤 글 | 원혜진 그림

13 방정환 어린이 세상을 꿈꾸다
오진원 글 | 김금숙 그림

계속 나옵니다.